名师悟道

成都市成华区名师工作室
建设成果集

李春歌 主编

中国出版集团 现代出版社

图书在版编目（CIP）数据

名师悟道：成都市成华区名师工作室建设成果集 /
李春歌主编. -- 北京：现代出版社，2023.10
ISBN 978-7-5231-0548-1

Ⅰ．①名… Ⅱ．①李… Ⅲ．①中学－教学研究 Ⅳ.
①G632.0

中国国家版本馆CIP数据核字（2023）第175300号

作　　者	李春歌
责任编辑	姜　军

出 版 人	乔先彪
出版发行	现代出版社
地　　址	北京市安定门外安华里504号
邮政编码	100011
电　　话	(010) 64267325
传　　真	(010) 64245264
网　　址	www.1980xd.com
印　　刷	北京政采印刷服务有限公司
开　　本	710mm×1000mm　1/16
印　　张	11.75
字　　数	191千字
版　　次	2023年10月第1版　2023年10月第1次印刷
书　　号	ISBN 978-7-5231-0548-1
定　　价	58.00元

目　录

第一篇　名校长——理论与机制建设

第二篇　名师——工作室建设典型案例

第三篇　成员分享

第一篇

名校长
——理论与机制建设

名师工作室内部治理建设的"七字"策略

李春歌名校长工作室　李春歌

说到名师工作室，一般的教育工作者对此并不陌生。名师工作室的出现无论是应运而生还是雨后春笋，大都是各地区为促进教师队伍整体素质能力的提升，把它作为本地区教育发展的一种战略手段，利用当地的名师资源，发挥名师的示范、引领、辐射作用。这虽然是一个明智的选择，但在实际的运行过程中存在诸多的问题。例如，"名师工作室就是名师的工作室，而非成员的工作室"，这是对名师工作室的片面理解；"名师工作室就是想来就来，想走就走，愿意做多做，不愿意做少做"，这是名师工作室内部治理机制缺失的结果；"名师工作室就是开开会，聊聊天，填填表"，这是名师工作室活动设计无主题，活动形式太单一的具体体现。我们针对名师工作室建设中存在的诸多问题，经过三年的实践探索，总结出了名师工作室内部治理建设的"七字"策略，以使其能更好地促进名师工作室内部治理建设，提升工作室成员的专业素养和能力。

"七字"策略既是一种策略，又是一种方法和路径。具体地讲，"七字"即"查""问""建""谋""干""评""展"。

一、"查"——弄清名师工作室的基本内涵和特点

查准、弄清名师工作室的基本内涵和特点是名师工作室建设的首要任务。由于"知其然而不知其所以然"，我们的建设方向就有可能发生偏移，建设路径就有可能混乱，建设方法就有可能不匹配。

何为名师工作室？首先要对"名师"进行界定。我们界定其为具有知名度、影响力、精湛的工作能力、先进的教育理念、专家型的教育眼光，同时

具有示范性、对团队有带动和引领作用的教师。俗话说得好，"一人行快，众人行远"。所以，名师工作室是集教育、教学、科研、培训等职能于一体的创新型教师合作共同体，它通过名师的示范性、辐射引领和指导作用，从而达到团体成员的共同进步；它是将分散自发的教师教育教学行为变为有领导、有组织、有计划的教师教育教学行为的新途径。

因此，它的工作推进必须遵从团队合作的特点，坚持"共识、共谋、共同、共享、共担、共进、共生"的工作推进原则。

二、"问"——找准名师工作室建设的关键节点

对当下而言，传统名师工作室内部管理有五种现象，同时也是其存在的问题。一是"名师说了算，别人说了也不算"，因为集中，所以缺乏民主。二是"说了无法办，办了无法说"，导致这一问题的原因是其内部管理制度不完善。三是"你说你就干，他说他就干"，导致这一问题的原因是其内部管理制度缺乏规范。四是"大家都在说，说完全都散"，导致这一问题的原因是其内部管理规范缺乏流程。五是"你干他就怨，他干你就烦"，导致这一问题的原因是其内部管理流程没有形成体系。

因此，要解决以上问题，我们必须专注于名师工作室的内部治理。对名师工作室而言，我们强调的是"内部"治理。如何治理？首先要找准其关键节点。

推进名师工作室内部治理必须抓住三个关键节点：一是名师工作室内部治理必须纳入名师工作室整体发展框架内；二是名师工作室内部治理必须从内部治理结构架构入手；三是名师工作室内部治理必须体现制度的标准化。

三、"建"——建构名师工作室内部治理顶层设计

名师工作室，虽然是一个比较小的学习共同体，但坚持什么样的理念，采用什么样的运行机制，都是其不可忽略的要素，否则会出现"名师工作室不明""名师工作室不顺""名师工作室不名"等现象。因此，名师工作室内部治理必须通过顶层设计来明确理念、机制和目标任务。下面是我们工作室的设计。

（一）工作室理念标识

1. 工作室理念：立德树人，不忘初心；春风化雨，润物无声

"立德树人，不忘初心"是工作室的宗旨。这一宗旨既是对学生的期盼，也是对自己的要求；我们既要明白为何而来，又要知道向何处去。

"春风化雨，润物无声"是工作室的策略。我们借力春风，在浸润中顿悟，在参与中成长，在经历中磨砺，在过程中发光。

2. 工作室标识

工作室标识由雨滴、太阳、幼苗和工作室英文名称组成，预示着工作室将"借力春风，辛勤耕耘，滋润万物，春满人间"。

工作室标识

3. 工作室愿景：一枝独秀不是春，百花齐放春满园

成员们通过思维碰撞产生火花，通过行动成就未来，让工作室的每一名成员在这个过程中播种、生根、发芽、开花、结果。

（二）工作室的运行机制

工作室的内部治理采用"扁平化、共参与、分工合作、谁牵头谁部署"的治理模式，即推行在所有成员参与下的领衔人负责制的运行机制，领衔人下设若干委员。

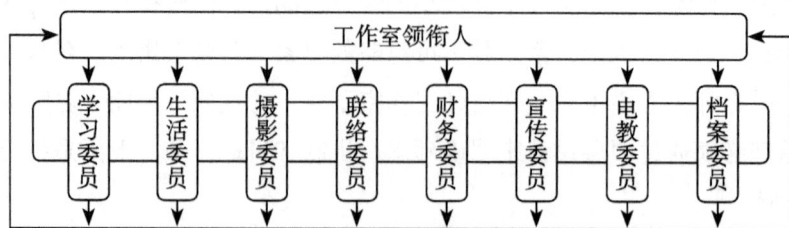

工作室内部治理结构

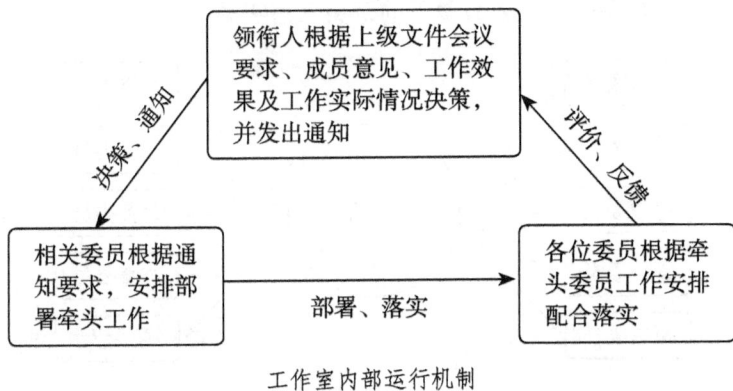

工作室内部运行机制

（三）工作室的任务

工作室应有明确的主题和目标任务。比如，我们在三年的时间里大致明确了七大任务：一是教育政策文件的"校本化"解读；二是学校内部治理的"实操性"探索；三是学校管理策略的"多样化"研究；四是干部人文修养的"螺旋式"指导；五是成员自主项目的"个性化"培育；六是学校内涵发展的"定向性"帮扶；七是工作室新样态的"系统化"构建。

四、"谋"——拟订名师工作室内部治理的制度方案

我们的名师工作室采用了"四制一流程"制度，即决策机制、执行机制、监督机制、保障机制和操作流程。

（一）决策机制——全员参与下的领衔人负责制

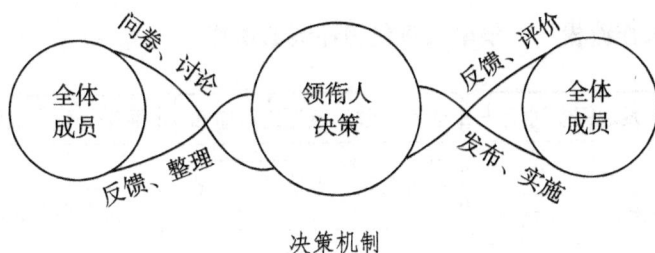

决策机制

（二）执行机制——人人有责下的牵头人落实制

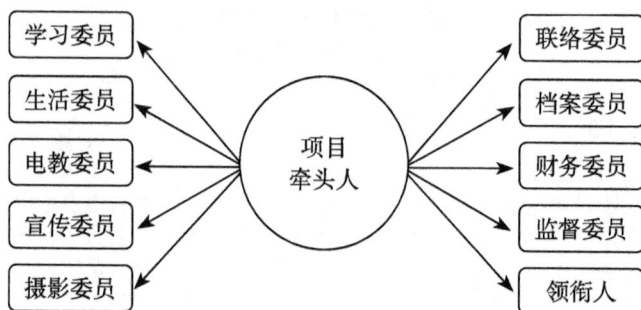

学习委员		联络委员
生活委员		档案委员
电教委员	项目牵头人	财务委员
宣传委员		监督委员
摄影委员		领衔人

执行机制

（三）监督机制——个个参与下的参与人签字制

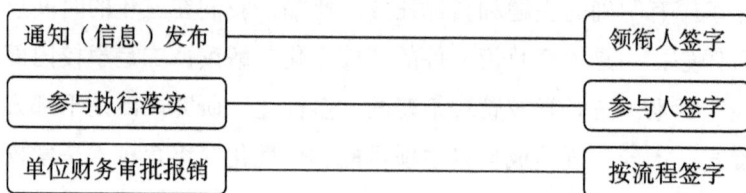

通知（信息）发布	领衔人签字
参与执行落实	参与人签字
单位财务审批报销	按流程签字

监督机制

（四）保障机制——专项专款专人专事下的预结算制

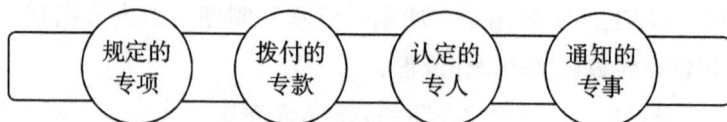

规定的专项	拨付的专款	认定的专人	通知的专事

保障机制

（五）操作流程——事事菜单化闭环式的操作

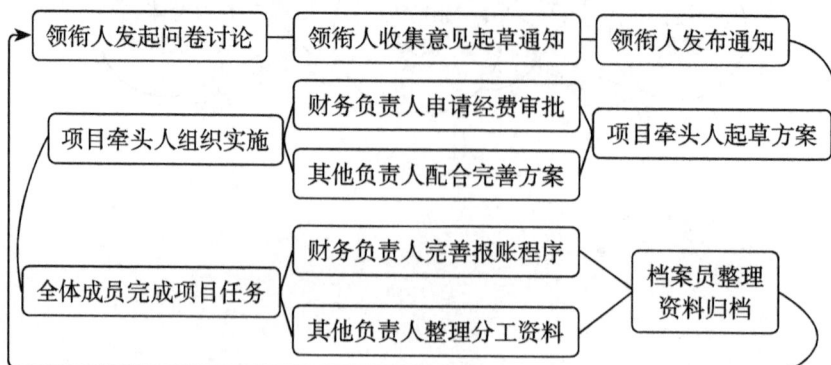

领衔人发起问卷讨论	领衔人收集意见起草通知	领衔人发布通知
项目牵头人组织实施	财务负责人申请经费审批	项目牵头人起草方案
	其他负责人配合完善方案	
全体成员完成项目任务	财务负责人完善报账程序	档案员整理资料归档
	其他负责人整理分工资料	

操作流程

五、"干"——推动名师工作室内部治理的实证案例

三年来，名师工作室制度建设步入了良性发展的轨道。比如"流程化"中的"制度成型的基本流程图"。

这个流程的实施，充分体现了名师工作室制度建设的广泛性、民主性、集中性和稳健性，实现了制度建设的规范化、标准化和制度化，防控了制度建设过程中潜在的风险，保障了团队成员的知情权、参与权、表达权、监督权，维护了成员的合法权益，提高了内部治理的效能。

六、"评"——评估名师工作室内部治理建设的成效

三年来，在推进名师工作室内部治理体系建设，提高治理能力方面所取得的成效概括起来有以下三点。

一是在内部治理的意识方面增强了。具体体现在民主意识、规范意识和流程意识。比如"五制一化"——"领衔人末尾表态制""工作室运行审批制""问题追索说明制""工作室决策监督制""工作落实签字制""监督制约程序化"。

二是在内部治理的机制方面完善了。体现在名师工作室完整的制度流程的制度成型、流程形成和操作规范三个方面。

三是在内部治理制度方面标准化了。体现在制度标准化"六个一"（一份政策法规或讲话报告清单——有法可依；一个制度规范文本——有章可循；一张量化评估量表——有标可量；一项实施操作流程——有图可施；一套学习宣讲方案——有案可学；一本完整过程资料——有据可查）、"有案可学九到位"（决议定到位、资料备到位、时间安到位、阐释讲到位、内容学到位、知晓签到位、操作练到位、执行落到位、过程记到位）和文本格式规范化这三点上。

七、"展"——展望名师工作室内部治理建设的未来

"展"是展示成果、展望未来。纵观过去已在路上，展望未来任重道远。具体讲有三点思考。

一是夯实已有基础，把名师工作室内部治理的基石打牢。

二是巩固已有成效，把名师工作室内部治理的步伐加快。

三是深化机制改革，把名师工作室内部治理的目标做实。

综上所述，名师工作室内部治理体系和治理能力的建设永远在路上，为促进教育高质量发展，我们将守正如初，始终砥砺前行！

聚焦"热点"，领航校长创新发展

曾蓉名校长工作室　曾蓉　吴婷婷

　　曾蓉名校长工作室成立于2018年，一直以"交流思想、实践历练、建立学习共同体"为原则，以"相互学习、取长去短、促进发展"为宗旨，以校长的集体研讨、考察培训、观摩交流、自主研修、示范指导为途径，充分发挥名校长的示范、引领和辐射作用，积极探索校长成长及学校发展的途径与方法，完善、丰富办学模式和内容，总结提炼特色办学经验，形成理论，并在一定区域示范推广。2021年，在新一轮的工作室活动开展过程中，曾蓉校长聚焦当下的热点、焦点、难点问题，以项目的方式推进，并组织工作室成员深入思考。

一、好书推荐共学习

　　读书的重要性不言而喻。学生的可塑性来自教师，教师的可塑性又自校长。所以，我们始终认为，要想使阅读对教育产生正向的推动作用，校长的责任是第一位的，因此校长必须是真正的读书人。曾校长告诉工作室成员："从教育管理者的角度来说，阅读，作为一种决策的底气和改革的动力，每一个富有责任心的校长都应奉为圭臬。"她指导工作室成员阅读，推荐阅读书目，分享阅读收获。推荐阅读的《项目式教学》《学校制度改进》《学校课程设计》等优质书籍，在理论层面给工作室成员以智慧，在实施层面给工作室成员以支撑。

二、聚焦问题共研讨

　　阅读只能给头脑提供认识的材料，思考才能使阅读过的内容成为我们自己的。曾校长以敏锐的洞察力，聚焦当下的热点、焦点、难点问题，以"输出倒逼输入"的高效方式，带领工作室成员进行思考。各工作室在此过程中，形成了独特性的成果，并在实施过程中取得了较好的成效。

（一）"劳动教育"

曾校长带领工作室成员聆听华东师范宁本涛教授的讲座。讲座的内容从高校的研究着手，站在理论的高度去研究和探索"劳动教育"，让我们感受到"劳动教育"势在必行，必须在"劳动"中教育学生，让学生在劳动中更加了解自我，完善自我；带领工作室成员走进重庆人民小学，从现场展示中让我们深切地感受到，重庆人民小学的学生是在劳动中成长起来的，收纳、烹饪、木工……全校的劳动教育被细化成了几十门课程，并有序地开展。

工作室成员们很受启发，并就"劳动教育"进行深入讨论。工作室成员纷纷表示对"劳动教育"有了更加深刻的了解和认识，他们将带领学校老师一起研究"劳动教育"，积极开发"劳动教育"的系列课程。讨论结束后，每一位成员都很认真地撰写了本学校将来对"劳动教育"具体开展的方向、方式和方法等内容，并针对这些内容进行了讨论。

（二）"双减"

"双减"政策的出台，使老师困惑、家长迷茫，使社会各界对教育的关注度更高，对学校工作也提出了更高的要求。曾校长组织各校就"'双减'背景下学校教育教学工作的思与行"这一主题，分四个话题展开讨论："双减"之下，怎样强化课堂主阵地，促进教学质量整体提升；"双减"之下，作业怎么"减"；"双减"之下，学校"五项管理"的亮点工作是什么；"双减"之下，对学校管理工作及其架构的思考。活动中展现的15分钟汇报，其背后的目的是抛出一个问题后，引发各学校的思考。

（三）课程建设

学校课程是落实立德树人根本任务的关键，是实现学校办学理念、育人目标，促进学校高质量发展的核心。学校课程建设不是一个新事物，我们早在2016年就开始启动学校课程体系建设。2021年出台的"双减"政策和2022年教育部颁布的《义务教育课程方案》，明确提出了遵循学生身心发展规律，落实减负政策，着力发展学生核心素养，凸显学生主体地位，关注学生个性化、多样化的学习和发展需要。这就需要学校重新梳理课程体系，迭代升级。曾校长抓住这一关键，组织各学校就学校课程进行再梳理、再思考，也邀请专家来做指导和培训。工作室的各学校进一步厘清了课程的底层逻辑，精准提炼了学校的课程特色，明晰了课程实施路径。在曾校长的带领下，各学校以课程建设为学校高质量办学、教师的专业成长、学生的全面发展保驾护航。如，四川交响乐附小在培训活动后再梳理：四川交响乐团附属小学基于爱·交响·乐成长的办学理念构建了五育交响课程，五育交响课程是由国家、地方课程为主，特色课程为辅形成的国家课程的校本化实施，以"学校+""学科+""活动+""专业+""实践+"的方式来搭建。各学校采用课程统整、项目引领以及场域运用的方式来具体实施，例如，我们学校的小小音乐家课程，以"美心美行"为课程目标，从"识美、尚美、创美"三个板块，统整国家课程和特色课程，突出学校音乐艺术特色，从而培养出身心健康、智慧学习、热爱学习、勇于担当的社会主义建设者和接班人。

三、专家引领共成长

曾校长带领工作室成员"走出去，请进来"，2020年11月27日赴重庆参加"首届中国大中小劳动教育峰会"。本次峰会请到了全国劳动模范、著名教育改革家魏书生。魏老师身体力行地将"劳动"贯彻到自己的生活中，贯穿于对学生的教育工作中。学生在劳动中取得进步和成长，无论是在学业水平还是在做人品质上都受益匪浅。2022年，曾校长组织了线上第九届中国教育创新年会的学习。成员们充分学习了"学校中层领导力主题峰会""教学与评价"等内容。在新一轮的课程建设中，由于各学校需要专业化指导，曾校长邀请了课程领域专业人士四川师范大学薛巧巧教授为工作室成员们答疑解惑。

工作室成员在一次次学习中收获颇丰。

水尝无华，相荡乃成涟漪；石本无火，相击而发灵光。工作室的活动有高屋建瓴的引领发言，也有智慧碰撞的分组研讨，更有精彩纷呈的小组汇报。能量在激荡中释放，思维在碰撞中发展。这，是辐射的魅力；这，是引领的力量；这，是示范作用。

附：部分成员学校汇报材料

"做中玩·玩中学"

——基于游戏化学习的劳动教育思考

成都市熊猫路小学　张明蓉

中共中央、国务院印发了《关于全面加强新时代大中小学劳动教育的意见》（以下简称《意见》）。《意见》指出，劳动教育是中国特色社会主义教育制度的重要内容，要把劳动教育纳入人才培养的全过程。劳动教育不仅是提高学生劳动素养的重要途径，也是促进学生"五育"并举、全面发展的重要抓手。劳动教育不只是劳动技能培训，更重要的是劳动精神的弘扬。劳动精神，首先，是《意见》上所明确的"牢固树立劳动最光荣、劳动最崇高、劳动最伟大、劳动最美丽的观念"。其次，主要倡导勤俭、奋斗、奉献精神。再次，凝聚为劳模精神和工匠精神。最后，具体的行为表现是尊重普通劳动者、珍惜劳动成果、养成劳动习惯等。劳动精神不是虚无缥缈的，是在真实的劳动情境中，在亲历的劳动中，由体验到认同再到认真践行的过程。因此，劳动教育要坚持以实践为导向，要"做劳动"。

如何让学生愿意参与、乐于参与，能"劳有所为""劳有所获""劳有所乐"？我认为"基于游戏化学习的劳动教育"值得探索和思考。

小学阶段是孩子长身体、长知识最旺盛的时期。小学生好奇心强，求知欲旺盛，思维敏捷，对什么问题都要问个为什么，他们像海绵吸水那样，不断地吸收各种知识。小学生也爱玩，乐于参与游戏。

熊猫路小学位于熊猫国际生态度假旅游功能区，毗邻成都市大熊猫繁育研究基地。学校基于区位优势及对熊猫文化的理解，结合教育理念和小学生身心发展特点，提出了"做中玩·玩中学"的教育理念。近几年着力于"小学生游戏化学习的研究"。

游戏化学习是将游戏的情境性、趣味性、参与性，以及目标、规则、反馈等要素融入学习过程中，让学习成为一件快乐的、学生乐于参与的事情。我们希望，孩子们能在"做中玩，玩中学"将劳动内化为一种自觉的行为，并在劳动过程中涵养劳动精神。

基于游戏化学习的劳动教育有四个方面。

一、有玩的条件，即有真实的学生劳动场景

劳动教育不是空洞的说教，必须是学生真实的劳动、亲身实践。真实的劳动要求有真实的生产、生活场景。真实的劳动场景就在生活中，在学校里以主题劳动场景为主，如种植园、养殖园等；在家庭中以生活劳动为主，如家务劳动等；在社区里以志愿服务为主，如打扫楼道、绿植养护等，形成三维推进的格局。

一年级	扫地、拖地、整理桌椅；会垃圾分类并倒垃圾					
二年级	扫地、拖地、整理桌椅；会垃圾分类并倒垃圾	洗袜子、洗红领巾、洗水果；会剥豆，会用电饭煲煮饭				
三年级	扫地、拖地、整理桌椅；会垃圾分类并倒垃圾	洗袜子、洗红领巾、洗水果；会剥豆，会用电饭煲煮饭	刷鞋、擦鞋；整理书柜、衣橱			
四年级	扫地、拖地、整理桌椅；会垃圾分类并倒垃圾	洗袜子、洗红领巾、洗水果；会剥豆，会用电饭煲煮饭	刷鞋、擦鞋；整理书柜、衣橱	养盆栽植物、家养宠物；学做凉菜和热菜		
五年级	扫地、拖地、整理桌椅；会垃圾分类并倒垃圾	洗袜子、洗红领巾、洗水果；会剥豆，会用电饭煲煮饭	刷鞋、擦鞋；整理书柜、衣橱	养盆栽植物、家养宠物；学做凉菜和热菜	整理床铺、换床单被套；分类清洗衣服	
六年级	扫地、拖地、整理桌椅；会垃圾分类并倒垃圾	洗袜子、洗红领巾、洗水果；会剥豆，会用电饭煲煮饭	刷鞋、擦鞋；整理书柜、衣橱	养盆栽植物、家养宠物；学做凉菜和热菜	整理床铺、换床单被套；分类清洗衣服	打扫功能室；制作中国传统玩具

学校对各年级学生的劳动要求

二、有玩的目标，即突出技术、设计、创新三要素

技术、设计、创新是劳动教育的核心要素。我们应该引导学生在劳动课程的学习和实践中，培养劳动素养、技术意识、工程思维能力、创新设计能力、图样表达与物化能力，同时注重传承与创新相结合。在传承和弘扬传统文化的同时，我们也要关注现代科技、产业的发展变化。对教师而言，就是积极鼓励学生在学习和借鉴他人经验、技艺的基础上，尝试新方法、新技术，转换思维方式，推陈出新。

三、有玩的内容，即劳动教育课程化

劳动教育课程化，是现代教育制度化设计的产物，是现代学校教育活

动的主要形式。基于游戏化学习的劳动教育课程要遵循三个原则：以"五育"并举为课程的功能性目标；以劳动过程为课程的活动形式；以学生认知规律为课程的开发依据。具体而言，一是在课程目标的设计上，要从单一的技能提升向人的全面发展转变；二是在课程内容的选择上，借助信息技术与人工智能编辑教育相关的内容，要从仅为"怎么做"的技术实践向"怎么做""为什么这么做"的探究转型；三是在课程学习的空间上，要与智慧学习环境和未来学习空间统合。

四、有玩的规则，即要有劳动教育的评价系统——以过程性评价为主的综合评价模式

设计校园虚拟货币体系，体现劳动创造的价值。基于学生在劳动实践中的表现及成果得到或扣罚虚拟货币。通过这样的评价系统调动学生的主动学习、深入参与的积极性。

当今社会，人类所积累的财富、知识越来越多，文明程度也越来越高，我们在享用这些物质财富、精神财富的同时，始终不应该忘记的是，劳动是创造财富的唯一源泉，体脑合一的劳动在人类发展和个体发展中具有重要意义。没有劳动，所有的教育活动也就失去了意义，失去了存在的根基。我们希望孩子们能通过游戏化的学习，唤醒劳动的自觉，在劳动过程中成为全面发展的人。

减重负 增内涵 "看见"成长

成都市石室小学 吴婷婷

各位校长、老师大家好，很荣幸能成为曾校长工作室的一员，并向曾校长和在座的每一位学习。我汇报的题目是：《减重负 增内涵 "看见"成长》。

一、减重负

长期以来，中小学生课业负担过重，是我国基础教育的顽疾。

我们对国家教育教学改革行动进行了梳理。

近三年，国家层面出台这类文件有40多个，涉及教育的方方面面，这些文件切实关心广大青少年身心健康发展，努力解决为谁培养人、培养什么样的人、怎么培养人这一系列问题。新时代教学改革已经进入关键时期，教育改革更加注重育人功能，更加重视学生德智体美劳全面发展。

政府对减重负的关注点在于：课业负担、作业负担和校外培训负担。

对学校而言，减重负需要减去低效的课堂教学、低质的教学研究；减去毫无营养价值的作业、难度过高或超标的作业、无有效反馈的作业。

二、增内涵

我们深刻地意识到"减负"不是目的，而是手段。"减负"必须与"增质"相辅相成，这样的"减负"才有价值和意义。"增质"的核心内涵是：高效的课堂教学和高质量的作业设计。

我们在学校办学理念、育人目标的引领下，结合"双减"政策的要求，落实"五项管理"，促进教学质量整体提升。我们认为学校管理者推动课堂变革至少要加强对以下四个层面的研究。

（一）思想引领，增内涵

教学思想的引领是课堂变革的前提。

"高效的课堂"的目标定位：关注人的成长，从人的成长需要出发，突出人的身心发展、情感丰富、智慧生长、道德提升。

（二）立足课堂，增内涵

1. 依标扣本，用教材教

新时代的教育要从以知识为核心转变为以提升学生核心素养为导向，怎样在课堂教学中提升学生的核心素养，我们要注意以下两点。

（1）读课标：把握学段特点，目标定位准确

听一位老师说过：针对教学内容而制定的教学目标，才是真正的目标。现在的教学存在"越位"和"缺位"的现象。每个年段的教学目标到底应该是什么呢？课程标准中提出的目标，有的需要一以贯之，如情感、态度、价值观方面的目标，前面的学段提出了，后续的学段要贯彻始终；有的可以分出层次，如学习方法、学习能力等方面的目标，是环环相扣、螺旋上升的，前面的学习为后面的学习做准备，后面的学习是前面学习的深化与发展。教学目标是教学活动的出发点和归宿，只有解读准确了它，我们在制定教学目标时，才能做到目标符合年段特点，不越位、不缺位。

（2）扣文本：深入教材内涵，发挥用教材教的智慧

叶圣陶先生曾说过："语文教材无非是个例子，凭这个例子要使学生能举一反三。"用教材教时我们需要潜心会文，精心设计选取知识点，运用现

代技术激活知识点。教材不是权威，是教学的材料，是教学内容的载体，是实现教学目标的工具。

2. 直击重点，精讲精练（突破重难点案例）

以六年级八单元作文《有你，真好》评讲课为例：

教学重点：选择恰当的"你"，通过具体的事件去体现人物的性格、品质，写出自己的真情实感。

教学难点：把事件写具体，选用本单元的写人的方法，如语言描写、动作描写、神态描写等，在习作中融入自己的情感。

突出重点：选择恰当的"你"，从"真好"中的"好"入手表现人物，让学生体会"好"的真正内涵，让学生将比较概括的"好"具象，并根据自身生活经验理解为幸福、快乐、温暖、安全感等感受，同时也将对象范围扩大为对社会有贡献、有帮助……在学生真正理解了"好"的含义后，教师再次指导学生聚焦到某个人或者某个群体，去筛选出最能凸显出人物品质、性格的具体事件。正因为"真好"的感受源于学生自己的生活经历，所以学生才能让文字流露出真情实感。同时，在习作前后，教师指导学生将写作方法巧妙地运用于自己的文章中。

突破难点：通过本单元课文的学习，帮助学生梳理写作方法，对重点进行提炼。以本单元《我的伯父鲁迅先生》为例，分析作者周晔通过哪几件事情来凸显鲁迅先生的人物性格和品质。再具体聚焦到作者对鲁迅的描写中，是如何根据具体事件，抓住人物动作、语言、身体等描写来突出人物的。

（三）立足教研，增内涵

（1）从"封闭式"到"自主开放式"的转变。

（2）从"单纯的研究课堂教学行为"到"体现学校成长理念"的转变。

（3）从"单一参与"到"全员参与"的转变。

（4）从"个体成果展示"到"团队成果分享"的转变。

（四）作业设计，增内涵

"五项管理"、"双减"、省厅文件、成都版作业指南都对作业设计提出了规范、高质、分层、多样等要求。其实，高效的课堂和高质的作业是相辅相成的。

在语文学科方面，我们认为高质量的语文作业设计应该立足于语文单元要素"立体整合、多维联动"。具体来说，在语文作业设计方面，对语文的不同阅读要素进行深度整合，通过多维度的作业设计，帮助学生进一步梳理、总结、提炼学习方法，进而帮助学生掌握语文知识。当前涉及的作业类型有：动手操作型、趣味游戏型、活动展示型、积累练习型、研究记录型等。我们结合教学实践，创新性地编写了校本化作业"聆听花开的声音"，有效减轻了学生学习负担，提高了学生学习效率。

在这一过程中，我们发现了一些不足，并在不断完善。我们有一个设想，要把"花开"做成一个系列，现在这一系列是"贤娃新阅读"，接着还会有"贤娃新视野"和"读写有方"。

在数学学科方面，各年级组研究后全组汇报，主要从"注重成效、巩固拓展"方面开展作业设计活动，以"因材施教、私人定制、直击痛点、靶向发力"等手段进行作业设计。（将教材配套练习和自主选择设计有机结合，将教学案例和生活实践具体衔接，着力巩固拓展数学教育成效，进一步培养学生创新精神和实践能力，有效提升学生分析问题、解决问题的能力，建立学生数学思维模式，发展学生数学应用意识。）

在英语学科方面，以"融入主题、创新活动"为抓手，开创性地开展了主题式作业设计的尝试，根据各单元主题设计系列作业活动，寓教于乐，将具体的作业融入新颖、多样的主题活动中，进一步激发学生英语学习兴趣，为学生提供了展示自我、锻炼自我的创新平台，使学生在新颖的作业创作中逐步提高英语核心素养。比如：2022年10月，开展了"立足中国、贤娃看世界"的主题活动。

三、"看见"成长（评价改进）

（一）课堂教学评价表

教学设计、教师教学、学生表现，评价的指向除了知识点的落实外，更多的是指向学生的发展、学生的自我感受体验。

（二）关键成长点记录（《贤娃成长册》）

《贤娃成长册》评价，作为一种综合素质增值评价的新形势，以关键表现记录、激励性评语和增值评价等方式让评价时刻发生，让成长看得见。

册子内容涵盖学生身体健康、电子产品、睡眠时间、思想品德、课外读物等内容，是学校全面落实"双减"和"五项管理"的方法之一。让"五项管理"真正走进学生心里，并落实到学生每天的学习和生活中；让学生了解自己每天的变化，从而发现自己的优势和不足；让学生"看见"自己的成长。师生每日评、家长每月评，册子记录了学生在成长过程中的点点滴滴，汇集了学生整个的成长和学习过程，呈现了学生的努力与成就，是评价学生学习生活最好的依据，也是实施综合素质增值评价的目的所在。

学生、老师看见自己的成长，家长、老师看见学生的成长、学校管理者看见教师的成长。"他山之石，可以攻玉"，相信我们齐心协力，小步快进，落实减负、强化增质，"双减"路上我们可以看见更多的成长。

聚焦"五育"并举 重构"六艺"课程
——成都市北新实验小学课程建设方案

课程凸显一所学校的文化与特色，是学校教育的系统化设计、建构与实施，是学校育人目标的直接体现，是育人内容的直接载体，是学生成长的营养液。

2016年我们系统地解读了古代"六艺"的内涵，依据国家教育方针，学生核心素养及未来教育发展需求，结合我校"走进儿童世界，培养世界儿童"的办学理念和"具有中国灵魂、国际视野、乐学、自信且有责任感的新时代好少年"育人目标，坚持"文武兼修，知行合一"的原则，给"六艺"赋予了新的含义，并将它命名为"新六艺"。

为实现国家"立德树人"和"五育并举"教育方针，我们进一步丰富和完善"新六艺"内涵，本着开放性、实践性、实效性原则，充分挖掘教师、家长、社区资源，多措并举丰富课程内容，以基础性课程（国家课程、地方课程）为中心，建构出学生拓展课程和个性课程的"新六艺"课程体系。

一、指导思想

以《基础教育课程改革实施纲要》为指南，以习近平新时代中国特色社会主义思想为指导，全面贯彻党的教育方针，落实立德树人根本任务，培养德、智、体、美、劳全面发展的社会主义建设者和接班人。

围绕我校"走进儿童世界，培养世界儿童"的办学理念和"具有中国灵魂、国际视野、乐学、自信且有责任感的新时代好少年"育人目标，以国家课程标准为指南，高度整合地方课程和校本课程，构建具有北新特色的"新六艺"课程体系。该体系为学生创设丰富多样的学习情境，拓展学生学习的空间，引导学生注重积累、勤于思考、乐于实践、勇于探索，培养新健康、新风尚、新思维、新审美、新劳动的"五新"好少年。

二、课程目标

（一）总目标

（1）通过课程的改革与实施，建构北新特色的"新六艺"课程体系，落实"立德树人"和"五育并举"教育方针，躬身践行"Children First"新儿童教育主张，培养"具有中国灵魂、国际视野、乐学、自信且有责任感的新时代好少年"。

（2）通过课程的开发与实施，铸就师德示范的践行者、先进理念的传播者、优质教学的提升者、学术氛围的营造者、教师发展的引领者的"五者"好教师。

（3）通过课程的建设与实施，提升学校品质，驱动学校教育的高质量发展。

（二）具体目标

结合师资优势、学生实际学情以及学校所处地域特点，围绕国家课程和四川省课程开发了拓展课程和个性课程的"新六艺"学生成长课程，课程目标如下：

"新六艺"学生成长课程目标

课程名称	课程目标	育人目标
礼课程	学礼以立 以礼育德	掌握人际交往礼节，遵循社会秩序，成为有国际视野、有社会责任感的小公民
乐课程	修身养性 以乐教和	通过艺术的熏陶，提高学生的艺术修养，提升学生审美标准，培养乐观、自信的人
射课程	潜心吟咏 以射悟法	珍爱生命，健全人格，掌握学习知识、社会生存的基本技能
御课程	学以致用 以御修行	激发学生探究的欲望，在实践中提高学生社会适应能力
书课程	通古博今 以书化人	体验汉字之美，传承和弘扬中外优秀文化，成为具有人文情怀、中国灵魂的人
数课程	启智开蒙 以数慧人	开阔学生视野，培养学生良好的思维习惯，提高学生的思辨能力

三、基本原则

（一）五育并举，全面育人

贯彻新时代党对教育的新要求，坚持德育为先，提升智育水平，加强体育、美育，落实劳动教育，构建德智体美劳全面培养的课程体系，促进学生健康、全面发展。

（二）儿童第一，享受成长

围绕儿童的主体地位，遵循学生生理、心理和思维发展规律，尊重学生的成长规律、生活方式和学习方式，开发和设置课程内容，引导学生走向实践的平台、创造的天地，为学生的终身学习、可持续发展打下坚实的基础，让学生充分享受美好的学习和成长历程。

（三）聚焦素养，整体架构

以国家课程标准和四川省课程计划为主线，聚焦学科素养开发"新六艺"内容，以任务式、项目式、主题式的方式进行学科内整合、学科间整合，以及学科与综合实践活动整合，精选课程内容，培养学生的爱国情怀、社会责任感、创新精神和实践能力，为学生的未来奠基。

（四）突出情境，强化实践

加强课程内容与学生经验、社会生活的联系，创设丰富多样的学习情境，设计富有挑战性的学习任务，激发学生的好奇心、想象力、求知欲，促进学生自主、合作、探究学习，培养学生在真实情景中运用知识解决问题的能力，实现知行合一，学思结合，让学生在"做中玩、玩中学"。

四、课程内容

（一）课程开发思路

"新六艺"课程内容设置以学科课程为生长点，凝聚教师、学生、家长和社区资源，通过"学科+"延展、拓宽学科内容，形成了教室、学校和社会三种课堂的相互融通，为学生搭建实践的平台。

1."学科+学科"

通过对学习内容进行重组，以主题形式将相关学科的教育内容有机融合，提高学生分析问题、解决问题的能力。

"学科+学科"不是简单的叠加，而是通过寻求学科之间的共通性，找准学科之间的交叉点开发课程内容，促进学生实现真正的自主、合作、探究式学习。在学习内容整合过程中，对学科学习空间进行整合，并将学习空间的课程内容要素与学生已有的学习经验进行有机联通，培养其创新精神和实践能力。

2."学科+生活"

围绕生活中的主题通过项目式学习方式来达成各学科知识之间的综合，按照问题逻辑组织课程线索。

通过每个年级不同的项目主题学习课程，将知识与生活连接，将知识融入生活，学生通过实践探究积淀经验，实现时间空间、知行合一的统一。通过学科与生活的连接，拓展学生学习空间，丰富学生学习经验，促进学生良好品德的发展。

3."学科+技术"

是将技术与学科教育有机融合，营造新型教育环境，实现"教"与"学"方式的变革。借助信息技术手段，让学生线上主动参与学习，重视学生学习过程中探究技能的培养。

在"学科+技术"研究探索中，从以往多媒体教学资源开发向如今互联网学习资源开发的转换，跨越学习时间和空间的限制，实现了优质资源有效整合、共享，以开放性的泛在学习范式，实现技术与教育教学的融合创新。

（二）课程内容

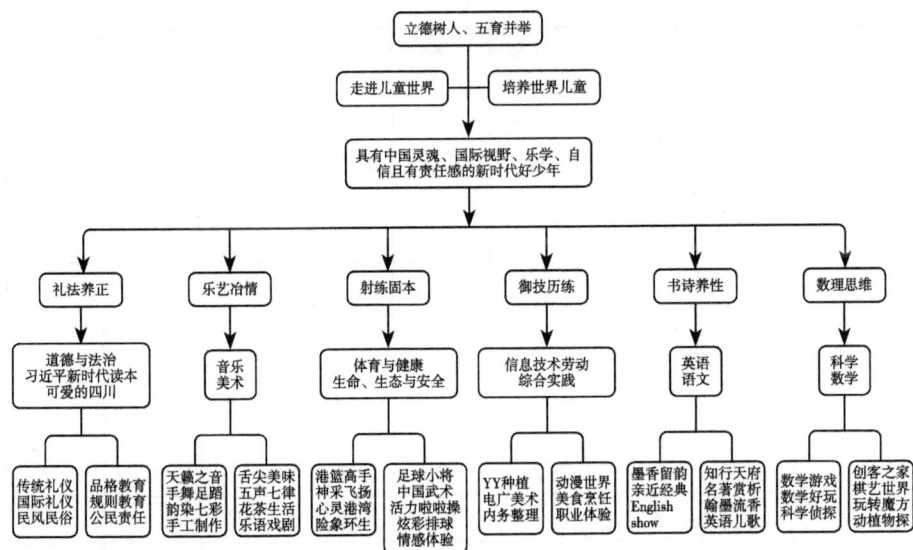

"新六艺"学生成长课程体系

"新六艺"学生成长课程分为：基础课程、拓展课程和个性课程。

基础课程：根据国家课程方案和四川省课程计划而开设的基础性必修课程。以学科之间的整合和学科内融合为主要实施途径，重在提高学生的基础学习能力。

拓展课程：以基础课程为生长点，通过学科内延伸和跨学科融合，开发的"新六艺"拓展性课程。聚焦儿童日常生活，以德育课程和综合实践活动的环境课程为载体，以实践体验为主要学习方式，旨在促进学生良好品德的形成和社会性发展，培养学生的创新精神和实践能力。

个性课程：基于基础课程和拓展课程而开发的"新六艺"选修课程。以"专业团队、学生社团"为单位，以个别定制、项目式学习等方式为实施途径，旨在发现每个人的潜力，并为潜力发展提供持续性支持，以促进学生的个性发展。

五、课程实施

（一）基础课程实施

1. 开齐课程内容，保障学习时间

国家课程和地方课程严格按照四川省义务教育课程计划实施。

每周课程安排

单位：节

项目	学科		一年级	二年级	三年级	四年级	五年级	六年级
国家课程	道德与法治		2	2	2	2	2	2
	习近平新时代读本							
	语文		8	8	7	7	6	6
	数学		4	4	4	4	4	4
	外语				2	2	2	2
	科学		1	1	2	2	2	2
	体育与健康		4	4	3	3	3	3
	艺术	音乐	2	2	2	2	2	2
		美术	2	2	2	2	2	2
	信息技术				1	1	1	1
	劳动		1	1	1	1	1	1
	综合实践活动		1	1	1	1	1	1

项目	学科	一年级	二年级	三年级	四年级	五年级	六年级
地方课程	生命·生态·安全	1	1	2	1	2	2
	可爱的四川				1	1	1
学校课程		1	1	1	1	1	1
周总课数		27	27	28	28	28	28

2. 坚持立德树人，落实核心素养

学科内容以立德树人和"五育并举"根本任务为指引，以核心素养为导向，从学科立场转向教育立场。学生通过学习某学科课程后，掌握基础知识，以达成树立正确价值观、养成必备品格和提升关键能力为目的。

各学科内容

学科	核心素养	教学内容
道德与法治	政治认同、道德修养、法治观念、健全人格、责任意识	以成长中的"我"为原点，由自我认识到我与自然、我与家庭、我与他人、我与社会、我与国家和人类文明，不断扩展学生的认识和生活范围
语文	文化自信、语言运用、思维能力、审美创造	一是主题与载体形式，二是内容组织与呈现方式。主要以学习任务群组织与呈现，设计语文学习任务，围绕特定学习主题，确定具有内在逻辑关联的语文实践活动
数学	会用数学的眼光观察现实世界、会用数学的思维思考现实世界、会用数学的语言表达现实世界	义务教育阶段数学课程内容由数与代数、图形与几何、统计与概率、综合与实践四个学习领域组成。数与代数、图形与几何、统计与概率以数学核心内容和基本思想为主线循序渐进
英语	语言能力、文化意识、思维品质、学习能力	由主题、语篇、语言知识、文化知识、语言技能和学习策略等要素构成。围绕这些要素，通过学习理解、应用实践、迁移创新等活动，推动学生核心素养在义务教育过程中持续发展
科学	科学观念、科学思维、探究实践、态度责任	科学课程设置13个学科核心概念，是所有学生在义务教育阶段应该掌握的科学课程的核心内容。学生通过对学科核心概念的学习，理解物质与能量、结构与功能、系统与模型、稳定与变化4个跨学科概念

学科	核心素养	教学内容
信息技术	信息意识、计算思维、数字化学习与创新、信息社会责任	围绕数据、算法、网络、信息处理、信息安全、人工智能六条逻辑主线，设计义务教育全学段内容模块，组织课程内容，体现循序渐进和螺旋式发展
体育与健康	运动能力、健康行为、体育品德	主要包括基本运动技能、体能、健康教育、专项运动技能和跨学科主题学习
艺术	审美感知、艺术表现、创意实践、文化理解	包括音乐、美术、舞蹈、戏剧、影视（含数字媒体艺术）5个学科，以艺术实践为基础，以学习任务为抓手，有机整合学习内容，构建一体化的内容体系
劳动	劳动观念、劳动能力、劳动习惯和品质、劳动精神	围绕日常生活劳动、生产劳动和服务性劳动，以任务群为基本单元，构建内容结构。日常生活劳动立足学生个人生活事务处理，涉及衣、食、住、行、用等方面

3. 整体架构内容，落实减负增效

课程为落实减负增效政策，给学生留出更多探究性学习的空间，保护学生好奇心，激发学生兴趣，培养学生创新精神，以学科大观念、大任务、大主题等形式对学科教学内容进行统整设计，增强学科知识之间、学科与生活之间、学生与生活之间的联系，以学科育人为基础，观照学生的生活经验，改变传统的知识中心和学生中心的对立关系。活动中，凸显学习过程的综合性和实践性，使学生经历完整的"学习单元"，并形成结构化、整体性的核心素养。

4. 深化教学变革，凸显实践探究

课堂教学是课程实施的主渠道。我校以三阶问题为引擎，三阶活动为路径，三阶学习为目的，积极推进课堂教学改革，聚焦思维，建构出促进学生高阶思维的"阶梯式"课堂教学模式。具体来说就是从适度挑战的任务、相对复杂的情境、充足活动的空间、循序渐进的引导入手，像学科专家一样探究和学习学科，深入了解学科本质、学科精神、学科方法等学科深层意蕴，建构起高于日常观念的"学科大观念"。该模式强调学科实践，以科学世界、生活世界和个体内心世界相互砥砺、互构互成的学习方式，使身体与心理、感性与理性、直接经验与间接经验得到有机统一，更好地促进学生核心素养的形成，实现思维的发展和提升。

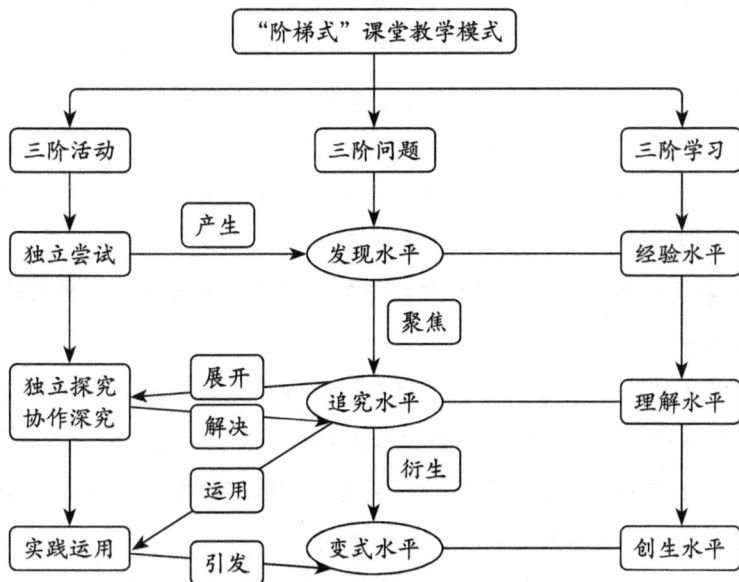

"阶梯式"课堂教学模式

（二）拓展课程和个性课程的实施

拓展课程、个性课程充分利用社团活动、中午托管、课后服务和校外社会实践活动等时间，采用自主选修、走班上课等方式，依据内容设长、短课或大、小课等进行整合实施。

1. 整合育人资源，开发课程内容

课程整合后，新的课程设置和辅助教材的使用呼吁教师快速成长。学校充分发挥团队的研究力量；教师之间取长补短、互帮互助，开展跨学科听课研讨、互相启发、共建共享等活动，形成伙伴式互助型的常态教研氛围。学校鼓励教师成立工作室；学校骨干教师成立以自己名字命名的工作室，招募有共同研究兴趣的教师一起参与，学校为其提供经费保障。工作室的课程研究，聚焦教育教学中遇到的实际问题开发课程内容，让课程回归学生立场。

在课程建构与实施中，学校始终遵循国家的教育方针，顺应课程发展的趋势和方向，充分整合家长、社区等教育资源，减轻学生课业负担，改善师生校园生活状态，开设适合学生发展的课程内容，创新教育发展模式，为学生提供更多元、更富特色、更具活力的教育选择空间，让学生学得更好、生活得更好、成长得更好。

2. 互动协同管理，实现课程目标

学校以自上而下的顶层设计引领实践探索，以自下而上的现场创新推动思想丰厚，形成"学校统整，年级落根"的双向互动协同管理模式。

一是学校与学科年级组协同。通过上层领导的规划设计，设立教育科研中心，统整教育教学、研究发展、品牌推广，以专业牵头、集体实施的方式，统筹规划课程改革的目标、教学计划、人员、科研方式，发挥对学校课程的设计、开发、组织、实施和评价作用。

二是学校与其他部门协同。学校与其他部门的互动配合，为实现课程目标提供多元保障。

三是学校与学科负责人协同。通过建立学科管理机制，实现教师选拔、培训、考核一体化，以及学生学科核心素养的发展、研究、诊断一体化。

四是学校与校职人员协同。通过完善在职教师、管理人员的综合素质，使其适应新技术和未来教育发展的培养机制。

五是学校与家长协同。学校打通与家长的沟通渠道，广泛收集家长意见，不断改进课程设置，形成校内与校外协同的管理机制。

总之，学校通过协同各部门并做好团队、三级课程、教师、学生、家长评价等多维管理工作，带动课程实施发展；基层教师与其他部门开展一线实践，家长将实践结果反馈给学校领导，二者双向互动、协同推进，为课程改革提供了保障并共同推动课程实施进程。

3. 优化课程时空，拓展实践平台

学校通过调整优化作息时间，尊重学生身心发展规律，科学安排上午、下午的学习内容。上午学生精力充沛、注意力集中，主要安排基础课程，以静为主；下午主要是拓展课程和个性课程。从全校统一到班级自主，学生的生活更加常态化，学生的学习与生活互相融合，使其对课程的态度从被动接受转变为主动地参与，使"新六艺"课程的活力和优势得到彰显和发挥。

拓展课程以融合式和延伸式为主。融合式即与学科相融合，在基础课程的习得中，适度引入课外资源，巩固并加深基础知识的习得；延伸式以基础课程的学科素养为生长点，引入课内外资源横向和纵向拓展学科知识。拓展课程时长以40分钟和60分钟为主，其利用基础学科学习时间和延时服务时间，主要集中在校内以班级授课和大班教学的形式开展教学。

个性课程以兴趣和特长为主。个性课程以学生的兴趣、爱好、特长为基本导向，建构课程内容，时长以60分钟和90分钟为主。个性课程利用社团、周末素质营和社会活动时间，让学生更多走出教室，进入学校、家庭、社区这些实践场地，在户外进行操作、实践和运用，让学生有更充足的时间深度学习和体验，让校园生活更加人性化。

六、课程评价

（一）评价指标

学校把培养坚定理想信念、勇担时代重任的德、智、体、美、劳全面发展的社会主义建设者和接班人作为根本任务，依据国家课程方案确定的义务教育的培养目标，结合学校的办学理念和生源实际，形成《成都市北新实验小学综合质量评价指标》。

成都市北新实验小学综合质量评价指标

一级指标	二级指标	三级指标	四级指标
品德发展水平	行为习惯	1.文明礼貌。 2.勤俭节约。 3.热爱劳动。 4.爱护环境。	1.听从师长教诲，不顶撞、不记恨。 2.见面行礼问好，分离主动道别。在校不串班，不在校园内追逐、打闹，不大声喧哗。 3.不损坏公共财物，不采摘花草树木。 4.不浪费水电，珍惜粮食，开展光盘行动。 5.衣着整洁，做好个人清洁卫生，爱护公共场所卫生。
	公民素养	1.珍爱生命。 2.遵纪守法。 3.诚实守信。 4.团结友善。 5.乐于助人。	1.与人为善，友好相处，学会处理同学之间的矛盾。 2.遵守校纪班规。 3.有较强的规则意识，在乘坐公共交通或在公共服务场所自觉排队等候，礼让他人。 4.诚实守信不说谎话，敢于认错，知错就改。
	人格品质	1.自尊自信。 2.自律自强。 3.尊重他人。 4.乐观向上。	1.有责任意识，自己的事自己做。 2.遇到困难不气馁，独立自主，自立自强。 3.具有一定的明辨是非的能力。 4.公共场所不高声喧哗，不伤害他人，不损害公物，不玩危险游戏。
	理想信念	1.爱国情感。 2.民族认同。 3.社会责任。 4.集体意识。 5.人生理想。	1.主动了解中国共产党的奋斗历程，铭记光辉历程。 2.知晓社会主义核心价值观24字内容。 3.有自己的人生理想。

名师悟道——成都市成华区名师工作室建设成果集

一级指标	二级指标	三级指标	四级指标
学业发展水平	知识技能	1.基础知识。 2.基本技能。	在学习中，掌握不同年段、不同学科的课标要求内容，并能迁移应用。
	学科思想方法	1.学科思想。 2.学科方法。	对各学科有浓厚的兴趣，能理解学科学习的观念和思想，了解学科内在的规律，用本学科的思维方法、研究方法进行科学学习。
	实践能力	1.知识运用。 2.解决问题。 3.发现问题。	在现实生活中能运用所学知识解决当前问题，在解决问题中善于提出问题，并对问题保持长久兴趣，并努力解决。
	创新意识	1.独立思考。 2.批判质疑。 3.钻研探究。	面对现象独立思考，并发现新的解决方法或思路。
身心发展水平	身体形态机能	1.形态。 2.机能。 3.体能。	1.《国家学生体质健康标准》测试成绩合格率达到100%，优秀率达到90%。 2.有1～2项自己喜欢的运动项目，并能长期坚持。 3.能参与校运会和各项班级比赛活动。
	健康生活方式	1.健康知识与技能。 2.个人习惯。	1.养成早睡早起好习惯，保证每天睡眠时间不低于8个小时，作息有规律。 2.能做到勤洗手、勤洗澡，每周剪一次指甲。
	审美修养	1.赏识。 2.欣赏。 3.表现。	1.从仪容仪表说，要求整洁干净。 2.从仪态举止说，主要从站、坐、行以及神态、动作提出要求。 3.从谈吐方面说，要求态度诚恳、亲切，使用文明用语，简洁得体。
	情绪行为调控	1.情绪表现。 2.行为调控。	1.学会表达自己的情绪。 2.心胸开阔，个性开朗，遇到困难保持良好心态。 3.会自我调节。遇到心情低落时主动与朋友、老师、家人交流分享，努力做好情绪调节与控制。
身心发展水平	人际沟通	1.师生关系。 2.同伴关系。 3.亲子关系。	建立和谐、友善、互帮互助的关系。
兴趣特长养成	好奇心求知欲	对某些知识、事物和现象的专注、思考和探求。	对知识的好奇心求知欲、人际交往的好奇心求知欲、动手操作的好奇心求知欲以及观察事物的好奇心求知欲，并对其积极展开探索和研究。

一级指标	二级指标	三级指标	四级指标
兴趣特长养成	爱好特长	学生课余生活的丰富性，在文学、科学、体育、艺术等领域表现出的喜好、付出的努力和表现的结果。	1.体育特长，达到国家体质测试项目规定的相关要求。 2.艺术特长，参加校级及以上相关比赛、评比、演出和获得相应级别认定。 3.学科特长，有良好的学科学习方法及学科思维，在学科测试或相关竞赛中获得相应奖励。 4.其他特长，参加相关比赛、演出和获得相应级别进行认定。 5.兴趣发展，有一项热爱的体育项目并长期坚持练习。
	潜能发展	学生在某些方面表现出的突出素质和进一步发展的能力。	潜能发展指对学生学业潜能发展、认知潜能发展、艺术潜能发展和运动潜能发展等方面进行综合性测量。
学业负担状况	学习时间	1.上课时间。 2.作业时间。 3.补课时间。 4.睡眠时间。	1.学生一天在学校上课的总时间。 2.学生做的各类作业的总时间。 3.校内和校外的各种课外补课的总时间。 4.上学期间每天睡眠的总时间。
	课业质量	1.课程教学的有效程度。 2.作业和考试（测验）的有效程度。 3.学生对课业质量的感受和看法。	1.在课堂教学有限的时间和精力范围内，知识、能力、情感态度等方面获得最大程度的进步和发展。 2.作业和考试（测验）有明确的目的性、针对性、层次性和适量性；作业和考试（测验）的批改、反馈与讲评及时有效；作业和考试（测验）形式丰富多样。 3.学生喜欢学习，对其发展有促进作用。
	课业难度	1.课业的难易程度。 2.学生的感受和看法。	1.教学、作业和考试（测验）的难易程度贴近学生实际，有利于学生发展和智力开发。 2.学生喜欢参与学习活动，并从中获得成功体验。
	学习压力	1.快乐。 2.疲倦。 3.焦虑。 4.厌学状态。	1.学生在学习过程中感到愉悦和满足。 2.学生在学习过程中对学习失去兴趣，产生注意力分散、记忆力下降、反应迟钝等现象。 3.学生在学习过程中出现的一种特定的紧张状态。 4.学生对学校学习生活失去兴趣，产生厌倦、懈怠的情绪和冷淡、漠视的态度，以及经常出现逃课、旷课等行为表现。

（二）评价方法

评价主要由过程性评价和形成性评价两个方面组成。首先，重视日常评价；班主任、学科教师在教育活动的全过程中，坚持定性分析与定量分析相结合，采用多样的、开放式的评价方法，诊断每位学生的学习兴趣与习惯、学习状况与发展、学习特点与潜能等情况，对学生达到的学科和学段目标进行随机评价，以促进学生全面发展。其次，建立学生成长记录；成长记录中要收集能反映学生学习过程和结果的资料，包括学生的自我评价、最佳作品、社会实践记录、体育与文艺活动记录，教师、同学的观察和评价，来自家长的信息，期末考试和质量监测的信息等。成长记录要典型、客观、真实。

1. 过程性评价

过程性评价是一种在课程实施的过程中对学生的学习进行评价的方式。过程性评价采取目标与过程并重的价值取向，对学生学习的动机、效果、过程以及与学习密切相关的非智力因素进行全面的评价。过程性评价主张内外结合的、开放的评价方式，主张评价过程与教学过程的交叉和融合、评价主体与客体的互动和整合。过程性的功能包括对学生的学习质量水平做出判断，肯定学生学习成绩，找出学生学习过程中存在的问题；促进学生对学习的过程进行积极的反思，从而使学生更好地把握学习方式方法；使学生理解和掌握评价的方法，作为与终身学习相呼应的一个方面，实现学生终身的可持续发展。过程性评价是与教学同时进行的共时性评价，评价和教学相互交叉融合，教师和学生民主互动协商，能及时反映学生学习中的情况。过程性评价有利于教师及时地肯定学生的成绩，引导学生的学习和发展方向；有利于学生及时地发现自身存在的问题和不足，及时改错纠偏。

2. 形成性评价

形成性评价一般是指在课程实施的过程中，对计划、方案的执行情况进行的评价。其目的是了解动态过程的效果，及时反馈信息，及时调节，使计划、方案不断完善，以便顺利达到预期的目的。形成性评价重视评价的教育性和发展性，力图通过评价，及时向教师和学生提供反馈信息，使他们了解教学活动中存在的缺陷与不足，从而促使教师和学生不断地改进、完善自己的教学活动和学习活动。

为了达到这个目的，形成性评价必须解决师生的三个问题：我要去哪里，即我的目标是什么；我现在在哪里，即我已取得了哪些进步；我接着要去哪里，即为了取得更大的进步，我要采取哪些行动。形成性评价向教师和学生提供有关教学进程的信息，可以使教师和学生有效地利用这些信息，按照需要采取适当的修正措施，使教学成为一个"自我纠正系统"。

（三）评价呈现

评价结果的呈现要关注学生的年龄特点，其中针对一二年级学段的学生，制定课程素养考察指标体系。期末，采用课程素养测试的方式，采取动手与动口并用、书面与口头结合、游戏闯关的方式，对学生进行现场考察式评价，并对其予以等级界定。对三至六年级学段的学生进行课程评价，语文、数学、英语三门课程采用笔试与平常考核相结合的方式进行测评；科学课程采用每学年度科学素养调查问卷的方式，对学生科学素养进行测评分析。

评价结果主要采用纸质文本呈现评价结果，具体呈现于评价表中，综合运用教师评价、学生自我评价、学生相互评价和家长评价等方式对学生综合素质进行评价。评价结果从五大维度出发，立足意识和能力的角度，整体考察学生的综合素质发展水平。

对在课程开发与实施、教材编写与应用方面有突出成效的教师个体或团队，进行各种层面的奖励。

拔节声声出"坊"来

程郑名校长工作室　程郑

一、丰厚资源保障，夯实拔节生长"馨"基础

（一）双林小学特色鲜明，提供引领示范

馨，是成都市双林小学的教育特质，也是学校的文化符号，其本义是散布很远的香气，在教育上喻指美好的影响。自1988年建校以来，短短数年间，学校就跻身成都市新"五朵金花"，获得"全国教改示范基地""全国艺术教育先进单位"等国家和省市以上54项荣誉命名，成为一所享誉成都小学教育界的名优品牌学校。

（二）双林小学课改丰硕，提供专业协作

据不完全统计，近五年来，学校教师参加各级各类赛课和交流展示研究课共计841节。自2013年以来，4项教学成果获国家和省市政府成果奖，70余项小专题获市区奖。教学质量长期名列区域前茅，年年获突出贡献奖和改革创新奖。

（三）双林小学研训模式新颖，提供实践支持

双林小学先后成为成都市教师发展基地校、成都市校（园）长发展基地校，一直秉持"双馨孕育美好，共享共创未来"的发展理念，取得了实实在在的成效。在长期的基地校建设中，双林小学逐步形成了基于"课标领航·课程建设·课堂实践·课题研究"的"四课一体"的教师专业研训模式。

（四）双林小学辐射引领广泛，提供案例分享

作为教育联盟（集团）及发展共同体的龙头学校，双林小学辐射引领作用范围广泛。自建校以来，双林小学参与成华小学组建，筹建李家沱实验小学，重组420子弟校双桥小学，先后领办成都市树德小学、简阳市明德小学等

四所学校，其中三所成员校成功创建为成都市新优质学校，一所成员校跻身区示范校行列。2021年，双林小学被评为成都市优秀校（园）长基地校。

二、利用双林优势，搭建拔节生长"馨"平台

建校35年来，双林小学在积淀和发展中形成了自己独特的办学优势，被业界誉为"成华教育黄埔校"，双林小学为成华教育界输出现任校级干部34名；"成都教育名师堂"，双林小学现有全国省市区骨干教师占全校教师比71%；"科创启迪园"；"民乐大殿堂"，双林小学被评为"全国艺术教育先进单位"；"班主任准入制的发源地"；"优质课程资源库"，双林小学被中国教师报评为全国十二个"课改优秀案例校"之一；"母体孵化园"，双林小学现有4所联盟校、4所共同体学校。

工作室充分利用双林小学这7张名片，采用现场观摩、参与接待考察团、跟岗研修、课题共研等多种方式，让工作室成员全方位接触双林小学的教育教学管理模式与运行机制。如工作室成员多次参加联盟校长会；成员林英曾在双林小学挂职锻炼一年，成员马雪芳在双林跟岗四周，成员卢文良在双林小学跟岗两周。

利用联盟平台，工作室到新都区天元小学、成都市树德小学、简阳市新市小学等开展丰富的学习、研讨和交流活动，促进领衔人和成员不断学习、反思、成长。2023年3月10日，工作室在简阳市新市小学举行了"劳动教育"研讨会。在参观了新市小学的开心农场和创意厨房后，工作室成员围绕"劳动教育内涵、课程开发、劳动核心素养落地、评价、课堂教学"等内容展开热烈讨论。

三、高位顶层设计，赋能拔节生长"馨"未来

（一）工作室发展理念
共享、分享、合作、共进。
（二）工作室发展目标
1. 总体目标
努力建成"助力校长成长、推动学校发展、促进教育均衡"的校长专业发展共同体，成为相互影响、共同成长的工作坊。

2. 具体目标

（1）努力提升领衔人及成员的学术研究能力、教育创新能力、办学治校能力，实现自身专业能力的二次提升。

（2）"一室领航，多校共进"。利用工作室的专业链接与资源，促进集团、联盟、共同体成员校的办学品质提升。

（3）通过工作室工作考核，促进工作室美誉度、知名度和影响力的提升。

（三）工作室研修模式

工作室采用"专家指引、同伴互引、实践内引、多向共引"的研修模式。

（四）工作室发展主要措施

1. 专家指引：引领工作室成员"顶天立地"

"顶天"，就是学习党的教育方针、政策和相关法律法规等知识，时刻把握教育教学改革动向和发展方向。"立地"，就是"办学"，贯彻执行党的方针政策，聚焦办学中的现实问题，撬动学校发展新的创生点。工作室常年聘请王明宪、杨霖等专家组成专家团队，定期指导工作室工作。专家团队通过高层次的理论研修，给予成员具体性、规律性的学术理论与办学实践指导。

2. 同伴互引：引领工作室成员"主题亮见"

工作室始终坚持工作室同伴互引思路，成员之间强化牵手党支部的建设、学校文化建设、学校班级治理、教研团队建设、学校课程重构、课题专题研究、课堂变革优化、师生艺体活动等"八个牵手"行动。以"一个聚焦、两个秉承、四个共享"为思路开展工作：一个聚焦——聚焦学校管理团队沟通策略研究，围绕这个主题，探索"问题跟踪—把脉诊断—实践验证—成果分享"的管理团队沟通新模式；两个秉承——秉承合作互补原则，实现共同成长，秉承个性发展原则，实现成人之美、各美其美；四个分享——分享典型案例，分享主题讨论，分享观摩心得，分享学习资源。工作室成员、成都市蓉城小学郝雅莉书记，在学校开展"不忘初心""亮出身份""支部亮见""智慧党建""党员攻坚"这五个行动。工作室参加了其中的"支部亮见"行动，引导工作室成员在"支部亮见"活动中互相启迪启发，互学互鉴，实现共生共长。

3. 实践内引：引领工作室成员"优质共享"

工作室坚持研究的实践性与驱动性。工作室成员参与双林小学基于"四课一体"研训模式的研究。双林小学启动"教师生长力"专题活动，进行全校教师专业发展规划活动，同时统筹程郑名校长市区两级工作室，开展"六专"行动（专业阅读、专业实践、专业研究、专业写作、专业反思、专业规划）。成员参与联盟校名师走校指导工作，担任联盟课堂大比武评委，开展联盟和共同体学校送教活动。根据联盟校按需"点菜式"的"私人订制"需求，工作室成员自主申报任务，然后开展实践性研究，跟进式培训，团队化交互。

4. 多向共引：引领工作室成员"知识增值"

工作室成员在集团、联盟学校、共同体学校、省内外兄弟学校、境外友好学校这五个层面交流互动。工作室成员在学校管理、队伍建设、课程建设、课堂改革、课题研究等多方面，通过学术交流、教研活动、主题活动、专题讲座等形式，进行成果推广与交流，实现知识增值、成果延展的目标。

四、走上校长岗位，见证拔节生长"馨"美好

成立名校长工作室，旨在遵循校长专业成长规律，搭建校长队伍成长高地，促进区域内优秀校长集群的形成。在近两年的培养实践中，程郑工作室成员在团队中学习、研究中前进、实践中成长。

工作室对成员的作用主要是为成员提供思维、方法、规律、路径的指导，提高成员及领衔人的专业能力，提升成员的教育情怀。

多数成员实现了从成熟期到二次提质成长的快速转变。卢文良、林英、马雪芳这三位成员均已走上校长岗位，在各自的学校实践着双林小学的"双馨"教育理念，并已取得瞩目的成就。

马雪芳校长说道："程校长的工作室形成了'实践性研究，跟进式培训，团队化交互'的作坊式特色。我从中感受到，作为一个校长务必思考学校的内涵发展、学校文化特质形成。"

林英校长说道："我在这种作坊式活动中对办学有了新的、具体的思考。"

卢文良校长感叹道："程校长的工作室，好像是校长成长的'尖兵排'。'分享、共享'让我既看见现在的美好，也看见未来的美好，这对我现在的工作很有帮助——拓宽了办学思路，增强了办学自信。"

工作室成员、成都理工大学附属小学副校长邬江在自己的成长记中写道："岁月清浅，学无止境。回望加入程郑名校长工作室以来的时光，在程郑校长的引领下，和工作室的伙伴们一起学习、碰撞、分享，让我收获颇丰，幸福成长。"

和而不同，同行致远

宿强名校长工作室　宿强　张倩

伟大的人民教育家陶行知先生说过："校长是一所学校的灵魂。"近年，名校长工作室在全国遍地开花，它是校长专业成长共同体的一种新样态。

宿强名校长工作室自授牌成立以来，认真落实成华区教育局名校长工作室的有关文件要求，立足实情，以校长的办学实践为主线，以工作室活动为载体，以成员的自主研修为基础，探索实践学校文化建设、目标管理与制度管理融合策略，切实发挥名校长工作室的示范引领和辐射带动作用，培养优秀中青年校级及中层干部，有效赋能区域教育高质量发展。

一、以工作室之"名"，淬炼校长专业水平

（一）明目标，谋发展

工作室拟定了《宿强名校长工作室三年发展规划（2022—2024年）》《宿强名校长工作室管理制度》《宿强名校长工作室成员年度工作考核细则》，确立了"搭建一个平台、开展两项研究、实施三位研修、形成四种经验"的工作目标，带领全体成员深入研讨，详细了解工作室成员所在学校发展现状及成员在学校管理实践中遇到的瓶颈，引导成员明确学校管理、发展过程中存在的问题，帮助成员进一步明确学校定位，找到学校发展的突破口。在此基础上，每位成员结合自身和学校实际科学制定"个人成长规划"和"学校发展规划"，倾力打造一支集团队智慧、理论研究、实践探索、理想共融、文化共生的新时代名校长发展共同体。

（二）学理论，强素养

工作室倡导成员坚持"每天阅读一小时，每月阅读一本书"的习惯，定

期开展"同读一本书"和"悦读分享会"等活动。工作室开通了宿强名校长工作室人人通资源平台和宿强名校长工作室微信公众号,成员通过平台自主定期发布自己的教育管理经验论文、讲座、教育教学资源等,工作室也会不定期地通过微信公众号和资源平台推荐优秀读物供成员们阅读。

工作室领衔人宿强校长还通过"线上+线下"相结合的方式开展专题讲座《优化校本研究制度助推高品质学校建设》《基于"互联网+"的中外友好学校人文交流课程开发与实践研究》等,为成员们作指导;宿强校长为成员们提供丰富的培训资源,携成员们参与国家级、市级教育会议和专题讲座并组织交流研讨,从而提升成员的专业能力,促进学校教育实践沿着改革与创新的方向不断发展。

(三)促实践,提效能

工作室聚焦校长实践能力,组织开展成员校长互相参访、结对帮扶等活动;发挥领衔人宿强校长所在成华小学的数字化教育优势,"以智慧校园为载体促数字师生共发展"为案例从技术赋能教师培养、技术赋能教育教学、技术赋能课程建设等方面进行实地指导,积极探索智慧型校长成长的最优路径,造就一批具有现代教育理念和创新精神的智慧型校长。此案例获国家级智慧教育优秀案例一等奖,为区域教育高质量发展提供了新思路。

二、以文化重构之"名",彰显学校办学特色

文化是民族的血脉,学校是育人的主阵地,孩子的成长更需要用文化来引领和浸润。新时代学校文化的嬗变与重构要从"做文化"内生为"种文化"。

(一)理念文化重构

理念文化是学校的灵魂,先进的理念文化是校长办学主张的体现,对内是凝聚力和向心力,对外是核心竞争力和特色品牌。它包括教育主题、办学理念、办学愿景、育人目标、"一训三风"等顶层设计,体现在校歌、校旗、校服、LOGO、校徽等方面。

成立于2021年9月的成华小学蜀都分校,秉持成华小学对"尚美"的潜心追求,着眼于"淘美"的坚实探索。学校提出"固原养性、淘美成韵"的办学理念,意指坚守生命本质,引导学生不断增进和提升学习,注重实践体验、身心修炼,融入自然、生活与社会环境,使生命达到和谐完美的境界。在此基础上,进一步培育真诚、淳厚、包容的美好品质,奠定生命价值创造

的素质和能力之基，实现生命潜能和个性竞放、生命智慧和创造力涌流，达成成人成才、幸福美好的人生境界。一年来，学校办学特色逐步明朗，教师素质得以明显提高，学生能力得到全面发展，收获家长一致好评。

（二）环境文化重构

陶行知先生说："人类社会，处处是创造之地，天天是创造之时，人人是创造之人。"良好的学校环境会寓精神激励于潜移默化之中，真正实现"润物无声"的微妙效应。

成都市双水小学围绕"上善若水，水漾年华"办学理念，建成了校园八景："润泽园"激励教师润物无声；"思源瀑"提醒师生不忘水之馈赠；"上善石"镌刻着圣人先贤的哲思……"水之八德"启迪我们虚静沉稳，行仁施爱，精明诚信，唯时变化，做一个清纯如水的"上善之人"。美丽的双水校园犹如一汪沐浴灵府的深潭，泉水叮咚，让双水师生沉醉其间，使人神清气爽，让人去咀嚼生活、品味教育。

（三）课程文化重构

课程文化是学校育人的核心载体，是为人的成长服务的。它包括课程目标、课程编制、课程实施和课程评价等。我们对国家课程、地方课程和校本课程进行整合，提出了"一切皆课程"的课程观，跨界融合和勾连的课程思维，嵌入全面、全程、全员、全域的育人理念，鼓励教师将课堂从教室走向校园、从学校走向社会，让学生在生活中获得涵养及成长。

简阳市射洪坝水东小学在"让每一滴水珠都闪亮"的办学理念下，坚持"让师生过一种幸福完整的教育生活"，努力探索"以劳立德劳美相融"的教育模式，以学校"麻编环创工作坊"为阵地，开展"劳动+美育"的融合课程，以提高学生劳动素养和艺术素养为目标，从编织的文化、编织的技能、编织的欣赏、编织的运用、编织的传承五大模块打造"工作坊+制作+创新"的育人体系，开辟家校社协同实施路径，使学生劳动素养与艺术素养的培养和学校、社区的发展有机统一起来。此外，"麻编"工作坊采用信息化"全员+全程+终结"的评价模式精准掌握学生素养发展情况，探索"1+4+N"的师资队伍建设模式，搭建"校内+校外"成果展示平台，切实转变育人方式，坚持五育并举，落实立德树人根本任务。此案例获得四川省立德树人案例一等奖，该学校逐渐走出了一条特色品牌发展之路。

（四）评价文化重构

评价文化对充分发挥师生的积极性具有重要的意义。科学、公平和全面的评价就好比学校的导航系统，能引领学校各项工作朝着正确的目标砥砺前行。

成都市建设路小学全面落实立德树人的根本任务，贯彻"双减"精神，严格按照《关于加强义务教育学校考试管理的通知》的要求，基于学生的终身发展和全面发展，以每周"金星"班级评比、每月"尊重星，力行星，智慧星，阳光星"评比、"美德少年"推选等多元评价方式为依托，建立了促进学生全面发展的评价体系。这一体系以评价促进课堂质量及实效的提升，突出学生的主体性；一切指向核心素养，始终关注学生行为习惯的养成、知识技能的习得、思维方法的获得、价值情感的认同，注重解决问题的能力培养；遵从全面性、导向性、多元化、科学性、差异性五大原则，对学生实施"过程性、表现性、增值性、多维度"评价，培养德智体美劳全面而有个性发展的社会主义建设者和接班人。

三、以落实"双减"之"名"，促进学生健康成长

2021年7月，中共中央办公厅、国务院办公厅印发了《关于进一步减轻义务教育阶段学生作业负担和校外培训负担的意见》，明确指出减少校内作业量、减轻学生负担、减少校外培训负担。"双减"犹如一剂猛药，直击教育当下的痛处，让很多学校、教师和家长不知所措。工作室领衔人宿强校长带领成员们抓住"减负的本质是为了提升教学质量"这条主线，开始了一系列的思考与探索，从完善教师激励的保障制度、建构专业发展的支持制度、健全扎实高效的治理制度、设计多方参与的协同制度探寻提升学校办学质量、落实"双减"的有效措施。主题报告《从机制建设走向育人实践——成华小学"双减"工作思考与探索》在市级交流活动中作交流，让教育回归应有的样态。

以美育美，各美其美，美好一直在路上！我们将以校长之"名"，主动作为、变中求进、砥砺前行，凝练校长办学主张、发挥教师主导作用、彰显学校办学特色，引领区域教育高质量发展。

第二篇

名师
——工作室建设典型案例

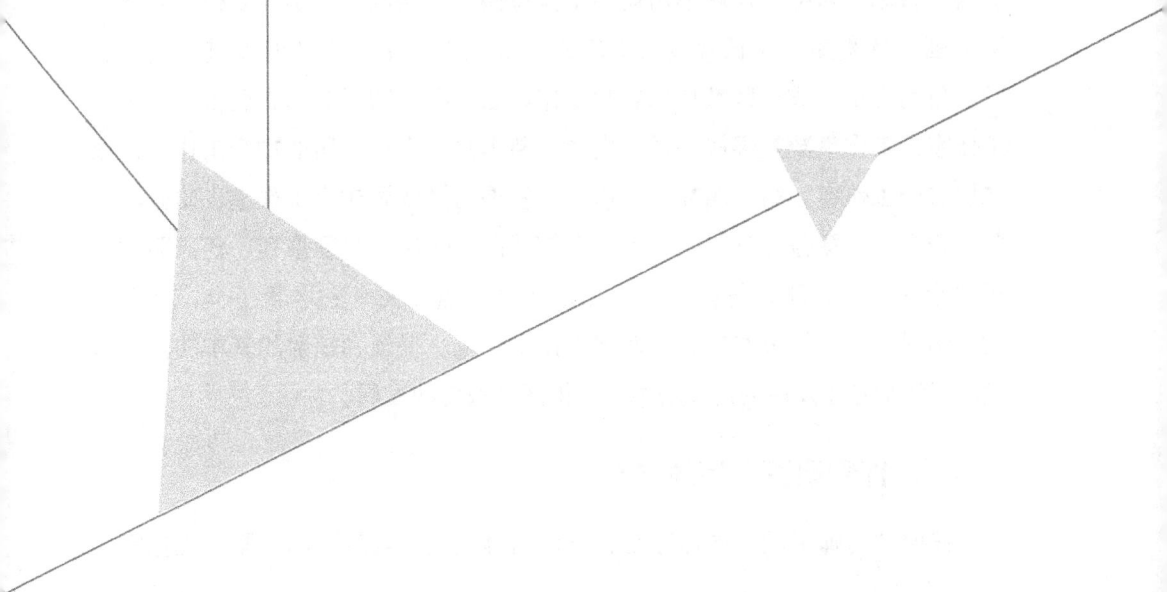

集群贤之智慧，筑教育之高台

成都市成华区名师工作站　刘莉萍

《中共中央　国务院关于全面深化新时代教师队伍建设改革的意见》明确提出"全面提高中小学教师质量，建设一支高素质专业化的教师队伍"，以及《教育部办公厅关于实施新时代中小学名师名校长培养计划（2022—2025）的通知》中强调着力建设高素质专业化创新型教师校长队伍，发挥名师名校长辐射引领作用，成华区将名师、名校（园）长工作室建设作为促进区域教育发展改革的重要途径，更是开辟了一条教师专业发展的新路径。

成华区名师工作站自2009年创建以来，立足于"涵育名师、成就精华"的理念，吸引优秀骨干教师入室研修，通过名师引领、团队合作、资源共享等形式，共同研究教育问题，拓宽教师研修渠道，提升区域教育品质。围绕着这个目标，名师工作站不断创新工作思路，总结经验，扩大规模，并在全国范围内特邀知名校长及高校专家进站成立工作室、聘请专家进行指导引领。目前为止，成华区教育局名师工作站已开办了四届名师、名校（园）长工作室，工作室数量逐届递增、类型不断丰富，由第一届的13个工作室，第二届27个工作室，第三届30个工作室，发展为第四届50个工作室，研修学员共千余人，已覆盖全学段。各工作室依据课题研讨、主题系列、任务驱动、送教帮扶、多元联动等模式，努力形成"以点带面——培养一个，带动一批，辐射一片"的根本目标，发挥工作室示范、引领和辐射的基本功能，激发区域教师专业发展的内生动力，助推区域教育的发展。

一、探索研究，持续发展

按照"名师引领，同伴互助，研训结合，注重实效"的原则，工作室成员在领衔人的引领下共同探讨、协作、研究、成长，加快优秀教师和优秀校（园）长的培养，同时也促进名师和名校（园）长由经验型向教育专家型成长。在三年一届的工作室研修中，各工作室依据不同专题，精耕细作，分享优秀教学案例、先进教育理念和成熟的教学模式，共建区域名优教师培养新路径，以学习共同体的形式实现研修成员共成长。

（一）以问题聚焦为方向，提升教师理论与实践相结合的能力

各工作室领衔人在教育教学实践中寻找问题，特别是区域教育教学中共同关注的难题，集思广益，深度共研，将问题转化为课题，确定研究路线和方法。工作室领衔人带领入室研修成员在实践中探索解决的办法，不断提升研究过程中的理论深度与实践效度。

（二）以课例研究为载体，提升教师教育教学实践的能力

上研究课、进行课例研究是工作室主要的活动形态。研修成员通过对优秀的教学案例、先进的教育理念和成熟的教学模式的观摩学习，将其融入自己的教育教学实践活动中，在工作室领衔人和同伴们的帮助下，观察自身教育理念和行动之间的差距，促使自身教育教学思想及行为发生改变、教育教学实践能力得到真正提升，也为区域学科教学积累更多优质的课程资源。

（三）以活动开展为形式，提升教师职业幸福感

三年入室研修期间，各工作室的活动丰富多彩、形式多样、各具特色，有听评课、读书沙龙、专题研讨、支教送教、分享交流、特色展示等关注专业能力提升的活动，也有关注合作能力、执行力的拓展活动。区域工作室研修活动的丰富性、多元性、融合性等在促进教师专业发展的同时也提升了教师职业的幸福感、价值感。

二、成果辐射，示范引领

工作室在领衔人的示范引领下，整合优质资源，建设积极向上、合作共进的学习型、研究型团队。工作室通过课题研究、指导带教、送教帮扶、多元联动等形式，引领学科发展、学校发展、区域教育发展。工作室成立以来，各个工作室都发挥了辐射引领作用，取得了突出的成绩，具有一定的影响力。

（一）任务驱动，促进教师专业发展

工作室通过承担区域教育专项任务来推动工作室工作和团队成员的专业成长，聚焦主题、任务驱动，促进领衔人、成员和区域教育共同发展。例如，康永邦名校长工作室负责课业负担检测网络调查平台的研发；曾蓉名校长工作室通过了解学生作业的合理情况，负责家长开放平台的研发；程郑名校长工作室和张家明名师工作室负责成华区家庭减负指导手册的编写；张家明、庄昭燕名师工作室负责成华区家庭减负指导手册和丹巴教材（教师用书）的编写；刘波、许成良、赖宁名师工作室负责驻区域国际理解教育课程的研发；庄昭燕、张笔春、孙祥辉、肖凯、丁晶、钱中华名师工作室负责学生作业（语文、数学）设计和实施指南的编写。

（二）送教帮扶，促进教育均衡发展

工作室在送教帮扶活动中根据地区、学校、学科和教师的不同特点和需求，针对性地制定送教方案、内容和形式，提供具有引领性、适应性的送教活动，不仅对区域内薄弱学校进行诊断指导、引领帮扶，还多次组织工作室送教泸定、丹巴。2019年为了推动丹巴县第一批中小学"三名工程"建设工作，提升名师、名班主任、名校长的专业能力，区教育局名师工作站组织部分工作室与丹巴县"三名工作室"分类别逐室结对，并签订结对帮扶协议。工作室通过建设理念、实践技能、工作思路、成功经验和操作模板等多维度的指导引领，促进了区域内外教育共同发展。

（三）搭建平台，促进区域名师高阶发展

工作站积极宣传推广领衔人及其工作室的研究成果和实践经验，扩大领衔人在全市、全省乃至全国的影响力，为成华名师和名校（园）长搭建平台、创造条件，同时组织专家团队引领各工作室梳理总结实战经验及研修成果，形成教育实践智慧，总结创新经验，形成研修成果促进优质教育资源共享，辐射带动区域教育发展。先后征集优秀案例汇编成《探索与分享》《名师问道》《我们走在区域教育第一方阵》文集及各个年度活动集。区教育局名师工作站多次组织工作室到发达城市观摩学习先进的教育理念和实践经验，以及多次参加全国名师论坛、学术年会；2017年成华区名师工作站成立了"全国中小学名师工作室创新与发展联盟常务理事单位"；2018年成华区教育科学研究院承办了"全国名师工作室联盟第二届年会暨第十二届全国中小学名师工作室发展论坛"，对在此次论坛中的成华区50余位名优教师进行了点评指导，呈现了100余节优质展示课；同年，名师工作站组织工作室成员赴贵州兴义深度交流，与多个工作室签订了结对共建协议书，开展了"跨省交流凝智慧，携手同行聚情怀"的名师结对工作；2019年成华区教育科学研究院与全国名师工作室联盟联合举办了"学校创新发展——全国中小学校长论坛";在此次论坛中,成华区多位中小学校长分别做了专题报告,沈明德名校长工作室接受了电视台专访,多所中小学校进行交流展示,电子科大康永邦校长和成华小学宿强校长成为全国名师工作室联盟常务理事成员。区教育局名师工作站致力于为名师工作室搭建高阶发展平台,让工作室拥有更多、更广的展示和提升空间,让名师走出区域,走向全国。

三、建章立制,规范运行

(一)行政保障机制

区教育局先后制定了《成华区名师工作室管理办法》《成华区名师工作室领衔人和入室研修人员协议》《工作室评估考核办法》等管理制度。区教育局与各工作室领衔人签署项目责任书,并设立名师工作站,对各工作室建设开展管理、督导、服务等工作。同时在工作室的建设过程中,不断修订完善工作室管理办法、考核制度,为工作室顺利开展工作提供保障。

(二)经费保障机制

工作室建设期间,由区教育局按年度划拨工作室运行经费,实行单独列支。各工作室按要求使用专项经费,做到专款专用,保障工作室研修活动的顺利开展。同时领衔人所在单位应为工作室提供办公场所及配备必要的办公设施设备,并对承担工作室任务的领衔人给予工作支持。

(三)考核评估机制

工作室每届的运行周期为三年,运行期内实行年度绩效考核和期满绩效考核相结合的考核评估机制。考核结果将作为工作室经费预算和工作室撤销的重要依据。名师工作站定期组织专家团队对工作室年度和三年届满的工作进行考核。同时在工作室运行过程中不断完善工作室规划、管理制度、考核机制、过程管理和成果展评,把可视化、可量化的任务驱动管理作为较为有效的考核方式。

名师工作室以发挥示范、引领和辐射作用作为名师工作室的基本功能和使命。自区域名师工作室创建以来,成员们在工作室这个学习共同体中围绕共同目标,实现了自我超越和领衔人、研修成员的共成长,从而加快了建设一支高素质、高水平的教师队伍,也以此推动了区域教育高质量发展,促进区域教育特色均衡优质发展,构筑成华教育新高地。

学情建构课堂，活动"玩"起来

陈丽萍名师工作室　陈丽萍　张雷　宋丹

一、理念引方向

在成华区教育局的大力支持下，陈丽萍名师工作室在成立后的几年中，不断自我突破，改革实践。"独行快，众行远"，与有思想者同行能走得更长远。工作室领衔人和成员始终尝试把数学的学科状态转变成学生可以感受、操作、体验的"生命状态"，以玩中学、学中做的方式实践，与孩子的天性合作，共建个性化的师生舞台，以让数学课堂"玩"起来为主题，开展工作室活动。

立足课堂，关注教学实践。关注学生学情，结合课堂生成教学理念，让学生在玩中学，是我们的追求。课堂是教师教学的主阵地，工作室始终把成员们的教学能力放在重要地位，并多次进行研究课展示、讨论，磨课的过程让成员们都受益匪浅。多次的课堂展示交流活动，让成员们感受到关注学生学情的重要性，体验到和孩子们一起去"玩"数学的乐趣。

学海无涯，对老师来说，同样如此。工作室积极搭建成员和专家、学者近距离接触的机会。多次邀请到张碧蓉、林锐、何纠立等专家到校和成员们分享经验；同时鼓励工作室成员走出去，学习优秀教师的课堂教学、先进教学理念：与深圳市邵君名师工作室结对，开展教育教学交流活动，参加全国新世纪小学数学名师工作室教学设计与课堂展示活动，与全国优秀教师共话数学。

二、实践促成长

工作室在全国新世纪小学数学名师工作室教学设计与课堂展示活动中

展示的"什么是周长"一课，整个磨课过程充分体现了工作室尊重学生真实学情，以玩中学、学中做的方式实践，与孩子的天性合作，搭建整个教学的框架。

《什么是周长》是北师大版小学数学三年级上册第五单元《周长》中的第一课时（见下图）。这既是一节概念教学课，也是小学数学教学中一节学习和体验"量感"的重要内容。从教材的编写来看，内容包含四个问题：问题1描，描出物体或图形的边线；问题2说，什么是"周长"；问题3量，量出物体或图形的周长；问题4数格子，周长到底是多少。教材编排上重视借助学生已有的知识和经验，从不规则图形入手，让学生直观地体验和找到周长概念的本质。

北师大版小学数学三年级上册《什么是周长》

根据对教材的分析发现，关于周长的认识都出现在三年级上册。通过查阅相关资料发现，三年级学生开始从被动的学习向主动学习转变，他们具备了一些合理的独立思考能力，能独立地完成一些学习任务。同时，三年级的学生已经认识了一些简单的平面图形，了解它们的基本特征；学习了长度单位，体会到了统一长度单位的必要性，掌握了长度单位之间的简单换算方法，知道用什么方式测量物体的长度，积累了测量线段长度的经验。

（一）课前思考：尊重学生真实学情，创设玩中学

分析多年来学生对"周长"的学习效果，我们发现，虽然新课程标准已经十分重视在公式、计算之前的教学强调概念的学习，但在实际操作中我们仍然发现，老师们容易把单元教学重点放在周长公式推导和计算上，这就造成学生在后续学习面积知识后，两个知识内容容易混淆，对量感中的长度和面积，甚至对后面的体积、容积等内容无法清晰区分。因此，在本节课的教

学中，我们力图在与长度有关的操作活动中不断渗透和感悟相关的量感，希望通过逐步深入的探究活动建立周长的表象。

结合学生的学情，学生对周长和面积大小容易混淆。根据以往的教学经验发现，仅仅选择一片树叶、一本数学书，虽然可以帮助学生理解周长的概念，但是对有变化的图形，例如一片有破洞的树叶等，学生对概念的理解就会不够清晰。我们希望通过大量的平面图形，丰富学生对周长的概念的理解，因此我们在课堂上展示了大量学生创作的图形，通过分类和描封闭图形的一周，帮助学生更加完整丰富地建立起对周长的概念认知。

我们对周长的概念建立先来自"面"，再剥离出"周"，以一条线引入并贯穿始终，帮助学生理解周长。但是我们并不是直接测量这条线的长度，而是将线围成了平面图形，并引出封闭图形的概念后，请学生再描出"周"，这是一个从面到线的过程。在学生通过大量活动创作、探究、发现，对周长的概念有了一定了解后，我们为了规范学生理解周长的概念，使用大量的实物表面提取出周长的例子，并且为了该知识回归生活实践，还开展了找一找身边的周长活动，包括后面的测量树叶的周长并估测验证长度的活动。这不仅仅是在大量建立周长的表征，同时还丰富了学生的量感。

（二）尝试修正，在学生的生成中不断调整，实践玩中做

1. 第一次尝试：学生也要有目标

当我们把初次的教学设计运用到课堂，希望看到有趣、探究的课堂进程时，发现整个过程显得特别急迫，太想让学生对周长这个概念有本质的理解，反而造成课堂上只有预设，不见生成，老师和学生都变成了预设的提线木偶，在没有目标的驱使下开展课程，课程效果并不理想。

那么，目标到底是什么呢？我们结合这节课上学生的反馈重新分析：首先，学生对周长的概念有浅显的认识，但每个孩子的认识又有差异，同时又具备一个共同点：能找到周长，但不能对周长清晰表述。这反映出学生对周长的数学化理解是不够准确的。周长概念的界定，不仅仅需要关注封闭图形的一周，生活中有许多立体图形，通过它们的表面才能确定周长。从立体图形中抽象出平面，从平面图形中找到边线，从而确定周长。完成这样一个逐步抽象、准确界定的过程，就是学生学习本节课的挑战。其次，量感的学习在本节课中到底怎样体现？比较周长的长短，估测周长的大小，用格子图等形式测量周长，能否发展学生的量感？不同大小的树叶、图形，它们的周长选择什么样的单位合适？这都是需要我们继续思考、实践和观察的问题。

我们的目标是让学生准确地理解周长的概念，同时培养学生的量感。要达成这样的目标，需要心中装着这一目标的学生和老师一起努力。

2. 第二次尝试：梳理教学环节，开放活动和问题

想要让学生明确本节课需要达到的目标，首先，我们要从复习长度单位引入，引导学生从回顾长度单位和长度单位标准中带着长度相关的量感进入对周长概念的探索。其次，我们给学生提供一条线作为重要的学习工具，鼓励学生独立创作一个属于自己的图形。学生对这个环节非常感兴趣，且创造的图形丰富多样，学生的作品可以帮助学生感悟与"周长"概念相关的概念：图形、一周、封闭、长度……然后在不同类图形的多次区分中找到"一周"，再结合"长度"合成"周长"的概念。

我们欣喜地发现，教学变化的一小步，带来学生进步的一大步，整个课堂活跃起来，学生的生成也丰富起来。对部分学生的疑惑问题如何通过生生之间的交流、讨论找到正确的答案，如何达成深入认识周长概念的教学目标，如何培养学生的逻辑思维能力等问题，我们还需要继续思考、实践和观察。

3. 第三次尝试：问题引领、借助生成，厘清概念生成过程

针对第二次尝试中开展探究活动的目标不清晰，"用线创作图形"后的分类梳理、聚焦主题的过程混乱的现象，虽然关注到了学生是学习的主体，但教师的主导地位并没有很好地体现。借助问题引领，帮助学生厘清概念生成。

教师在复习长度单位引入周长这个环节后，通过提问"你了解过什么是'周长'吗？谁愿意来说说你看到这个词想到了什么？"明确学生已有的知识经验和学习周长这个关键词，这样学生能在接下来的学习中更加关注和周长有关的关键词，也能带着目标、困惑进行接下来的操作、体验、探究和发现活动。

在使用一条线段创作一个喜欢的图形这个环节，展示学生作品时，教师在展示前先把学生作品进行分类，再有目的、有顺序地进行展示。从最简单的封闭图形，到里面有线条的封闭图形，再到有多余线条的图形，最后到形状不同但周长相同的图形。教师通过这样循序渐进的过程，帮助学生从了解一周的意思、明确一周在哪里、规范一周到哪里，到观察比较图形的周长，迈步加深学生对周长概念的理解。

在拓展度量外延，灵活概念应用时，学生在明确地找到一周在哪里后，关注图形边线的特征，学生们不断反思、质疑，利用平移、对称等方法简便计算图形的周长的过程，充分体现了学生对知识的灵活运用。

学习材料来自学生的创造，活动是自由的，探索的问题是开放的，因此而生成的课堂就是多变而有趣的，但这样的课堂对老师的数学功底和课堂调控能力提出了特别高的要求。没有完全一样的学生，也不会有一成不变的课堂，生成引发的课堂教学引领着我们不断地思考。

（三）反复实践，心中装着目标的学生和老师一起向前走

在进行反复的思考、打磨后，我们对本课进行了如下设计。

1. 追寻度量单位，沟通知识联系

（1）复习长度单位，确定测量标准

教师提问：孩子们，你们记得我们学过哪些长度单位吗？你们能分别表示出1厘米、1分米、1米大概有多长吗？

（2）尝试估计线长，渗透感知量感

教师提问：张老师带来了一根这么长的线，你能试着估一估它有多长吗？

2. 摆、分、描、说，建立周长概念

（1）引出周长概念，了解现实学情

教师提问并板书：孩子们，今天我们要学习一个新的数学知识"周长"。你们了解过什么是"周长"吗？谁愿意来说说你看到这个词想到了什么？

根据学生回答板书几个关键词：围绕、一圈、物体、长度、封闭。

（2）带着目标、困惑，创作、探究、发现

每个学生用80厘米的线在卡纸上独立创作一幅图，教师进行分类收集后全班展示、交流，引导学生探索"周长的概念"。

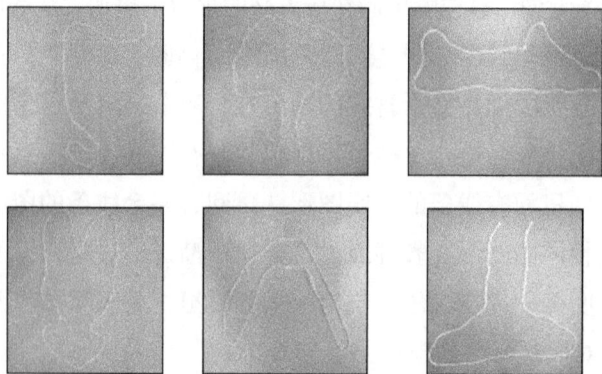

第一组图

① 教师让学生把第一组图进行分类，结果如下。

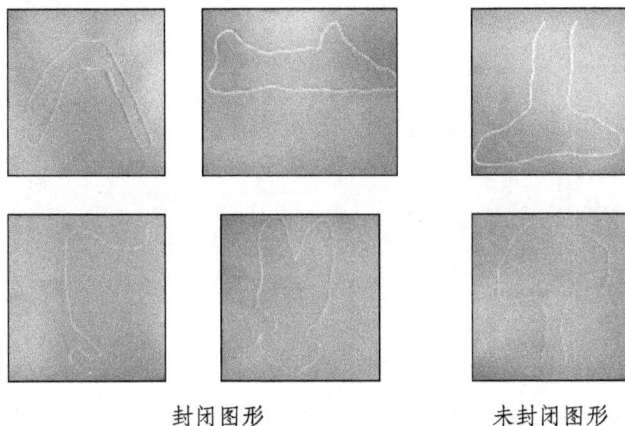

封闭图形　　　　　　　　　　未封闭图形

② 教师提问：这两组图形中，哪一组可以指出它的一周？"一周"是什么意思？为什么第一组图形才能指出它的一周？（因为是封闭图形）

③ 教师让学生描第二组图的一周（明确一周在哪里），并找出两张图的不同之处。

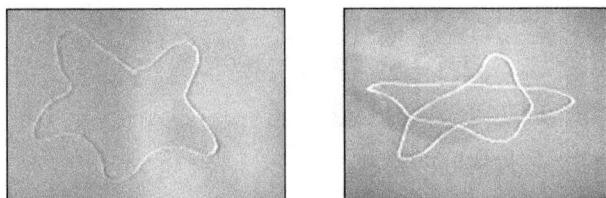

第二组图

④ 教师让学生找第三组图的一周（规范一周在哪里）。

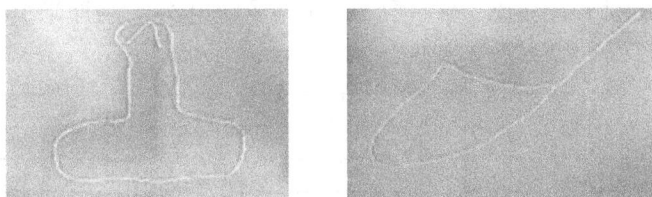

第三组图

⑤教师让学生描第四组图的一周，比较两张图的长度（感知一周的具体长度与图形的大小、形状没有必然关系，感悟长度量感）。

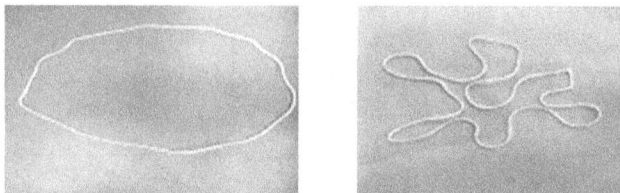

第四组图

（3）再次观察比较，体验长度量感

教师提问：再次观察第二组图，你能知道这两个五星一周的长度关系吗？（第一个空心五星一周的长度是80厘米，第二个五星一周的长度小于80厘米，可能是40厘米）说明理由。

（4）回归生活实践，寻找可见的一周

找一找，指一指，身边可见物体表面的一周。

（5）引导概括总结，微课规范概念

① 对比所有描出一周的图形与黑板上的关键词，引导学生概括出什么是"周长"。

② 观看微课视频，规范认识"周长"概念。

3. 实物估测，理解概念，内化量感

（1）估一估，一片树叶的长度。

（2）测一测，这片树叶的长度。

（3）说一说，展示估测的过程。

（4）评一评，加深概念的理解。

4. 拓展度量外延，灵活概念应用

（1）估一估，比一比，数一数（每个格子的边长都是1厘米）

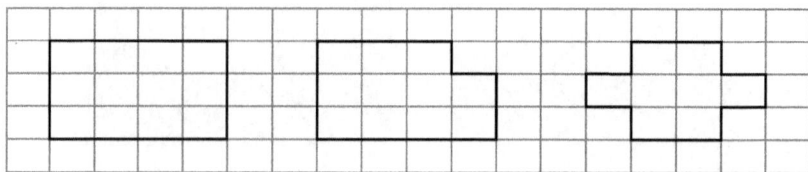

（　　）厘米　　　　　（　　）厘米　　　　　（　　）厘米

首先，按顺序数格子；

其次，把有特点的图形转化成简单图形；

最后，用"转化"法使图形的样子改变，但周长不变。

（2）

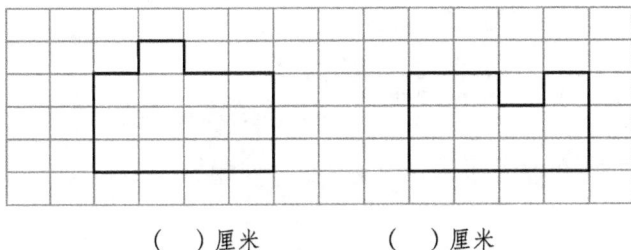

（　　）厘米　　　　　　（　　）厘米

让学生观察图形的特点，可以数格子，也可以用"转化"法来比较图形的周长。

5. 回顾、生成知识树，完成知识结构化

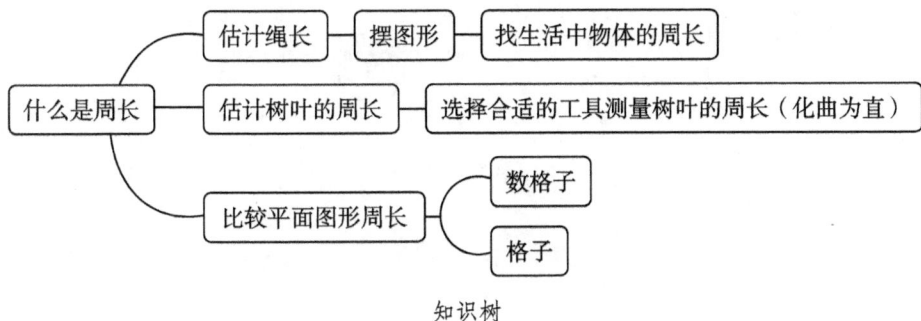

知识树

在整个教学设计中，我们发现对小学生来说学习量感不是一蹴而就的，而是从量变到质变的逐渐积累的过程。

三、收获共分享

通过我们的不断尝试与实践，工作室课例"什么是周长"，在新世纪小学数学第三届名师工作室教学设计与课堂展示"学会学习——发展学生'量感'的学习方式探索"主题专场活动中，荣获团体一等奖。工作室成果《由一节课识量感——以"什么是周长"为例》，在第十九届全国新世纪小学数学课程与教学系列研讨会——"量感"主题成果征集活动中，荣获一等奖。

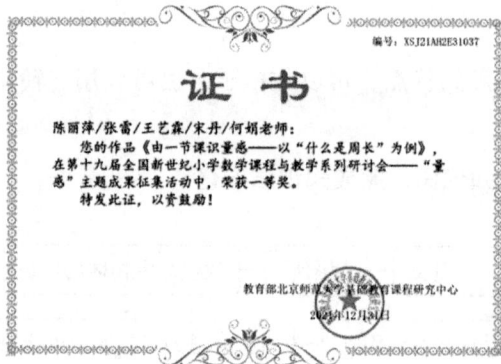

编号：XSJ21CH2D10005

证 书

成华区陈丽萍名师工作室：

在新世纪小学数学第三届名师工作室教学设计与课堂展示"学会学习——发展学生'量感'的学习方式探索"主题专场活动中，荣获团体一等奖。

特发此证，以资鼓励！

参赛课题：3年级上册《什么是周长》
参赛选手：张雷、王艺霖、宋丹、何娟
指导教师：陈丽萍

教育部北京师范大学基础教育课程研究中心
2021年11月16日

编号：XSJ21AH2E31037

证 书

陈丽萍/张雷/王艺霖/宋丹/何娟老师：

您的作品《由一节课识量感——以"什么是周长"为例》，在第十九届全国新世纪小学数学课程与教学系列研讨会——"量感"主题成果征集活动中，荣获一等奖。

特发此证，以资鼓励！

教育部北京师范大学基础教育课程研究中心
2021年12月31日

获奖证书

基于课题开展研修，提升成员核心能力

陈林名师工作室　陈林　唐露　付小露

一、工作室建设理念及目标

陈林名师工作室由区域内不同学科智慧教育（教育信息化）领域的11名骨干教师共同组成，是依托骨干教师的信息化能力，集教学、科研、培训等职能于一体的教师协作共同体。其建设目标是以名师为引领，以学科为纽带，以先进的教育思想为指导，为有志于成华区智慧教育工作的青年搭建智慧教育（教育信息化）专业成长以及名师自我提升的发展平台，努力打造一支在我区各学科智慧教育（教育信息化）领域中有成就、有影响的高层次教育信息化教师团队，力求使本工作室成为智慧课堂教学实践研究的"学习共同体"和"发展共同体"。

二、工作室研修模式

陈林名师工作室研修模式以课题《小学"5I"课堂中人工智能技术的应用与推广》的研究为主线，依托成华区成华智慧教育云平台进行"智慧云学习"网络研训探讨，以学科带头人为核心团队成员，共同开展线上和线下的学科研究、教改探索。工作室通过"个人成长档案"管理，记录每个成员的学习过程，在陈林名师空间和微信公众号中做到了开放式的资源共享，展示其教学风采，促进其开放式可持续成长。

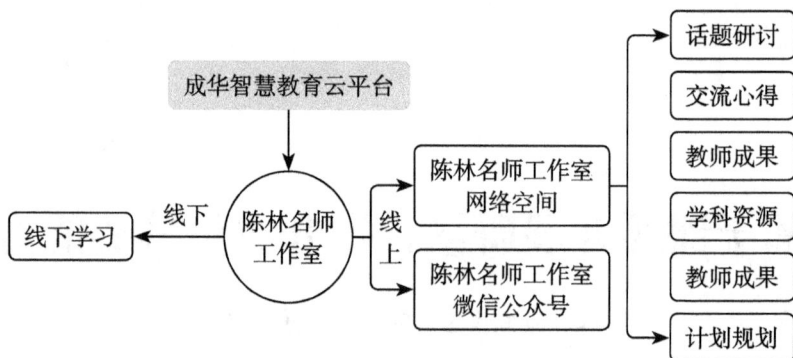

陈林名师工作室研修模式

（一）开展线上学习，提升成员素养

教育教学理论修养和学科专业素养的提升，是工作室每位成员的首要任务。工作室给每位成员赠送了《课堂观察方法与技术》《透视课堂（第十版）》等教育教学专著。大家共读书籍，研读新课程标准，撰写读书笔记，上传到智慧教育云平台进行话题探讨，交流心得体会，在阅读中领悟思想，在实践中改进方法。

名师工作室网络空间话题发布

（二）开展线下研讨，提升学员技能

工作室领衔人陈林组织工作室成员参加"教科院开展AI课堂分析专场活动""2022年度成都市教育科研规划立项课题主研人员培训会""成华区教育科研2022年高质量学术写作与发表工作坊"培训、教育部教育技术与资源发展中心（中央电化教育馆）"中小学人工智能教育教学阶段性总结交流会""工作室成员技术交流分享会"并制作腾讯会议系列微课、成华区教育局组织参加"央馆人工智能课程规模化应用第一期试点启动会"、2022年成都市人工智能教育教学研讨活动"人工智能+教育"教学研讨活动等线上培训、"人工智能，如何引领教育走向未来"线上研讨会；全体成员通过聆听教育前沿理论，观摩课堂实践，拓展了视野、激活了思维，在培训与反思中实现了专业的提升。

（三）进行教学示范，实施技术应用

2022年5月7日，为进一步发挥工作室的示范引领作用，提升工作室成员对人工智能技术的认识能力，结合工作室课题研讨安排，陈林名师工作室开展腾讯教学软件"趣答"实践应用与交流活动，工作室成员李佳洁在教学中使用"趣答"系统开展教学，工作室全体成员观摩学习。通过听评课活动，工作室成员进一步发挥示范引领作用，在实现自我成长的基础上，带动工作室成员专业能力共同提升，实现专业化发展。

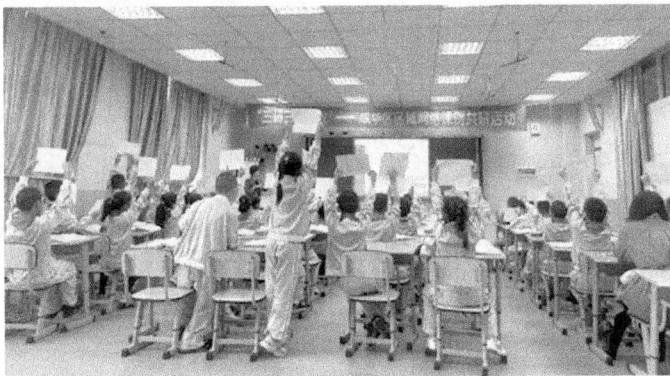

李佳洁老师现场上课

工作室评课

2022年10月27日，为了顺利开展课题，工作室成员在现场观摩课例，学习人工智能助力课堂。教科院附小杨雪老师利用人工智能设备开展了英语课例展示，在杨雪老师的精心设计下，人工智能在课堂上完成听—读—反馈，进一步加深了工作室成员对人工智能技术的理解，为工作室课题和优化课堂教学打下了坚实的基础。听课结束后，工作室成员围绕本学科就"人工智能平台和软件的使用"展开交流研讨，对人工智能技术的理解及实践运用能力也得到了进一步的提升。

杨雪老师现场上课

（四）深度挖掘技术，分享人工智能

在课题准备前期，工作室领衔人和课题组成员经过研讨论证，形成了人工智能教学软件清单思维导图。在此基础上，课题组成员通过三次集中专题研讨和两次线上专题分享的方式，对现有人工智能软件或平台的功能、用途进行了梳理和挖掘，形成48个操作介绍文档，并上传至成华区智慧教育云平

台名师工作室课题资源列表，实现资源共享。

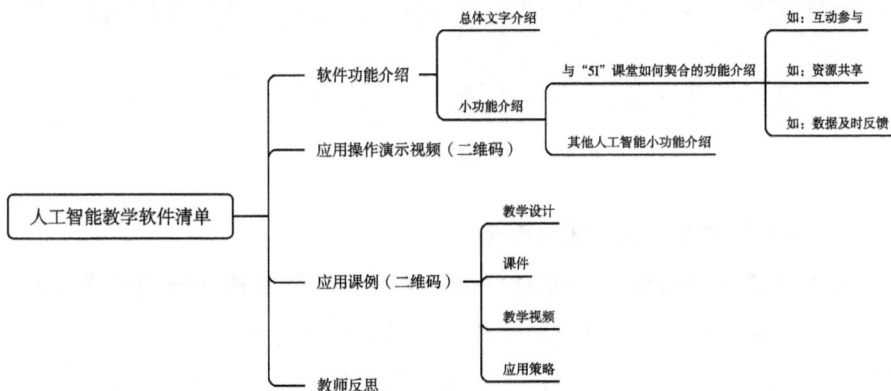

人工智能教学软件清单思维导图

人工智能应用软件操作介绍文档资源

三、工作室建设成效与成员成长

（一）工作室建设成效

1. 微课分享，助力线上保学

疫情袭来，各校开展线上教学，为保障老师们顺利开展线上教学，工作室领衔人组织工作室成员开发腾讯会议软件的更多应用功能，积极开发腾讯会议设置技巧等系列微课，并发布微信公众号平台和成华区智慧教育云平台名师工作室网络空间，为线上保学助力。

名师课堂

腾讯会议设置技巧等系列微课

2. "平台"建设，促进能力提升

工作室紧扣活动信息的即时性和共享性，利用工作室公众号平台和成华区智慧教育云平台发布和记录工作室及成员的成长记录。工作室以成华区智慧教育云平台名师工作室空间为载体，将成员的计划，总结，读书心得，听课、评课记录，公开课，教案，论文，课题开展，课例展示等材料及时搜集、存档，并记录教师专业成长轨迹，实现知识共享，带动提升。同时，工作室以公众号为载体，记录工作室的研讨活动，多方面宣传报道，为名师工作室展示风采贡献力量。

（二）工作室成员成长

2022年度，工作室成员团结协作，积极参加各级各类教育教学竞赛，取得了令人欣喜的成绩。其中省级获奖共15项；市级获奖共6项；区级获奖共14项；校级获奖共2项。

四、工作室建设思考与展望

本工作室将继续以课题《小学"5I"课堂中人工智能技术的应用与推广》的研究为主线，通过课题引领和推动，促进成员个人成长，实现个人和工作室共同进步。工作室在人工智能软件应用于课堂方面进行深入研究，开展实践，带领成员教师开展行动研究，做好人工智能软件功能解析、课例实践、活动记录、成果研讨等工作。

在行动研究中，工作室打造人工智能软件应用于课堂的样板课例，形成软件应用操作手册、规范流程，助力人工智能技术在教学实践中的广泛运用和促进作用。工作室力争在实现抱团儿发展的同时，让每个人都能找到自己的成长航标；同时，以辐射带动为目的，通过陈林名师工作室微信公众号、陈林名师智慧空间等平台对工作室活动的开展过程和实践研究成果进行宣传和推介，实现经验共享、成果辐射。

用心灵感动心灵，用生命影响生命

刘小龙名师工作室　刘小龙　曾欢　孙玲

一、指导思想

本工作室将以成华区教育局关于名师工作室相关管理办法为指导，坚持领衔人引领与自主研修相结合的原则，立足融合教育，聚焦特殊儿童发展。工作室以多元形式系统全面地学习研究融合教育，不断提升师德修养和专业实践能力，加快教师专业成长步伐，助力区域融合教育高质量发展，为推进"一流教育强区"和"成渝地区双城经济圈教育高质量发展示范区"贡献智慧和力量。

二、文化建设

1. 工作理念

用心灵感动心灵，用生命影响生命。

2. 发展愿景

聚合教育智慧，搭建研修平台，散播融合种子，涵育特教名师。

3. 工作定位

共同体、孵化器。

4. 工作制度

（1）组织纪律。按时参加、不迟到、不早退，病假、事假须履行书面手续。

（2）活动参与。积极参加工作室各项活动，认真、准时、高质、高效地完成工作任务。

（3）个人发展。明确自身目标，及时制定个人发展目标和个人研修目标，并在年度计划内按时完成。

（4）读书计划。不断学习，每位学员系统地做好理论学习工作，并按时完成工作室研修项目，提交读书心得体会。

（5）成果积累。每位成员加强学习过程和研修过程中的资料收集的准确性，确保研究过程真实可信。包括：读书笔记、听课笔记、课堂教学评价表、课堂实录（影音）、研究课、示范课教案等。

（6）考核评价。实施年度工作考核管理制度，考核等级分为优秀、合格、基本合格、不合格，结果通报所在学校校长，并纳入学校年度考核内容。

三、组织架构

（一）学术顾问
赵斌博士（西南大学特殊教育学院院长、教授）

刘胜林博士（四川师范大学教育科学学院资深教授）

黄汝倩博士（四川省教育科学研究院特教研究员）

（二）室内人员
领衔人：刘小龙

行政组：组长：陈雯雯；组员：鞠欣、何婷婷（负责会务、文件、评价等）

信息组：组长：徐宏；组员：陈洁、熊启焱（负责宣传、简报、文稿等）

学术组：组长：陈佳帆；组员：蒲琳、刘世娇（负责策划、组织、研究等）

助理：曾欢（协助领衔人具体负责）

副助理：孙玲（协助领衔人和助理）

四、研修模式

（一）研修内容
（1）学习前沿融合理论，了解国内外特殊教育的发展研究动态。

（2）学习研究各类特殊儿童特征、学习方式和支持服务理念。

（3）学习掌握融合课程教学方法。融合教育课程开发、教学设计、教学调整与实施、教学评价、康复训练。

（4）加强活动育人，掌握特殊儿童参与校园、家庭和社会的活动设计与实施方法，全方位促进特殊儿童发展，帮助其融合主流社会。

（5）学习特教，研究一般方法，问题导向，找准突破，深入实践，加强反思，注重提炼，提升研究能力。

（6）培育融合文化，了解特殊教育文化、制度和措施，积极创设有利于特殊儿童成长的校园文化。

（7）加强家校共育，关注家长需求，学习与特殊儿童家长交流沟通的方式方法。

（8）资源整合，注意加强与区资源中心、学科中心组资源互补，形成区域融合教育发展的"三驾马车"，引领全区融合教育的发展。

（9）宣传推广，加强工作室和成员工作特色亮点宣传推广力度，扩大工作室成员的影响力和感召力。

（二）研修形式

（1）领衔人指导：领衔人对工作室成员在专业知识学习、课程开发、课题研究、论文写作等方面给予建议与指导。

（2）专家讲座：邀请工作室顾问和其他特教专家为工作室成员开展融合教育专题讲座。

（3）团队研修：团队有效互动，定期通过专业知识研讨、示范课、展示、案例剖析等方式加强交流，并做到在交流中研讨，在研讨中碰撞，在碰撞中提升。

（4）培训观摩：组织成员观摩学习，并参加相关专业提升培训。

（5）小专题研究：单独或团队合作，聚焦问题，开展小专题课题研究。

（6）自主研修：拟定三年成长规划，每学年认真研读1～2本融合教育教学理论专著；每学年承担一次专题讲座，或一次公开教学，并形成书面教案及课后反思；每年至少有一篇论文在区级及以上比赛中获奖。

（7）工作时间：实施集中与分散相结合，线上与线下相结合，原则上一学期至少开展两次集中活动。

（三）研修预期

（1）专业素养提升：广泛阅读融合教育相关书籍，师德修养、专业素养、实践能力明显提升，成为引领学校或区域的融合教育骨干教师、名师。

（2）教育能力增强：从容驾驭融合课程教学课堂，推动所在学校融合教育、教学水平提升。

（3）研究能力提高：工作室成员在小专题研究、论文比赛、教学设计等方面成果显著，获区级二等奖以上，并形成研究成果集。

（四）成果呈现

书籍、小专题研究、论文比赛、工作荣誉、成果展示交流、教学康复实践能力、学校融合发展等。

五、研修成果

工作室经过一年多的研修与实践，成员在教育理念、思维方法、教学实践方面取得了长足进步和发展。

（一）共读，促融合教师团队建设

与书为伴，修身立己；以书为友，丰盈人生。工作室为全体成员遴选赠送一套特殊（融合）教育学习用书，倡导教师深度阅读和实践，促进教师自主成长发展。工作室成立伊始就将阅读作为贯穿工作室活动的重点活动，成员结合学校的阅读书目进行深度阅读，撰写读书笔记，立足教育教学实践进行读书分享。同时，根据工作室的研究方向，聚焦不同重点的书籍进行阅读，定期开展阅读成果交流，拓展思维，开阔视野。

（二）共培，促融合教师理论修养

为助力工作室成员改革和创新课堂教学，发展学生的核心素养，前后组织参加了"全国融合教育巡回指导教师与资源教师专业能力提升高级研修班"和四川省陶行知研究会"四川省名师创新成长与核心素养主题培训"在线培训学习。工作室成员聆听一线专家学者论道教育，虽无宏大理论，唯有实践真知，精雕细琢，娓娓道来，紧扣发展关节，直击教育痛点，舒心熨帖，发人深思。再观工作室成员，潜心学习，和高人对话，与自己私语，反躬自省，沉思积淀，砥砺师爱，厘清思路，抓住关键，充电蓄能，点亮心灯，向着更加诗意的远方再出发！

（三）共研，促教师研究性发展

为破解培智课标实施的困惑和挑战，名师工作室成员参加了成华特校在线举行的省级课题《基于"培智课标"的IEP智能支持平台研发与实施模式研究》开题论证暨工作室研培活动。本课题研究以"培智学校义务教育课程标准"的理念为指导，立足地方经济文化和学校环境生态课程，与信息技术深度融合，研制基于培智课标的个别化评估工具量表，研发"融e评"IEP智能支持平台（开展IEP教学而设计的大数据在线软件系统）。工作室成员在实践中落实完善此项课题，撰写高质量论文，促进融合教育的理论建设的发展。

（四）共改，促随班就读教育质量

课程承载着学生培养目标，教学承担着学生培养的重任。工作室以海滨小学"爱慧"校本课程为案例，开展融合教育课程改革研究，大家认为融合教育课程建设应以特殊儿童为中心，站位高、顶层设计完善、结构科学、要素完整、课程成型，以满足特殊儿童差异性发展需要。领衔人刘小龙老师表示，融合教育课程是融合教育成功的关键，也是提升融合教育质量的重点，接着他从融合教育概念、融合课程建构方法、课程实施关键指标等方面交流看法和意见。他希望工作室成员能遵循融合教育规律，潜心于课程教学研究，践行初心使命，助力特殊儿童成长。

（五）共观，促融合课堂教学效益

以课堂教学为载体，深耕课堂、夯实教学基础，每学期工作室会进行"聚焦课堂助力成长"主题研讨活动，制定随班就读课堂和资源室课堂的听课活动安排。活动采用主题沙龙式、磨课评析式、案例会诊式、网络研修式的研修方式，让大家各抒己见、客观评价。

曾欢老师的智障儿童言语康复课，黄夷老师在语文课中的环境调整和辅具支持，陈丽老师培养培智学生的沟通与交往技巧能力等，骨干教师们在研讨中倾囊相授，结合了自己的经验为青年教师引路；青年教师思维活跃、观点新颖，踏实研究，让工作室的研究氛围和谐又团结。

（六）共进，驱动成员共同成长

工作室成员根据工作室组织安排和自主申报来开展项目，通过对项目的认领和完成，推动教师自主研修和自主探索。项目的任务主要来源于课题的任务分解、常态教研的热点和重点问题、个体教育教学和专业发展的难点问题，以及工作室交流展示的主题研讨。

蒲琳老师从教育教学、班级治理和项目式学习三个方面进行了《融合班级的教育方法与治理策略》专题分享；徐虹老师以《爱心搭桥，专业助力——我是资源教师》为主题，分享作为一名资源教师的成长历程；陈佳帆老师以《心心相融，融爱于碍——从被动应对到主动设计的探索之旅》为主题，从特殊儿童心理干预的角度分享交流，解读"爱"与"碍"，通过"小精灵关爱活动"和"大单元校本课程"推进对学生的心理干预工作。

聚是一团火，散是满天星。在各自的天空闪闪发光，我们青春放歌，欢声笑语，一路相伴，向美而行。未来的日子里，刘小龙名师工作室全体成员一定会以坚如磐石的信心，只争朝夕的劲头，坚韧不拔的毅力，不倦追求，深深扎根于融合教育的土壤，不断开拓创新，不负好时光，不断摇响青春的风铃。

大道至简，徐徐图之

茹敏名师工作室 茹敏 蒲鑫明 温馨

茹敏名师工作室成立至今，已历经四届。从始至终，这个工作室的成立就是立足于课堂教学研讨，为青年教师的成长与发展服务的。这个工作室由一个30多年来从未离开过小学教学一线阵地的普通教师为领衔人，引领着十多个对课堂教学研讨充满兴趣的同样为一线语文教师的志同道合者，聚焦真实的课堂教学，通过关注课堂中学生的学习与思维状态，通过交流研讨，摸索有效的课堂教学模式，实现同伴互助，共同成长。我们在坚定地做好这件事的同时，在思索与追求中懂得了许多朴素的道理。

一、我们的研修目标始终明确

当教师在教书育人的道路上越来越驾轻就熟的时候，也会越来越意识到思维意识、思维习惯、思维方式对人，特别是对成长中的学生的重要影响。但长期以来，我们的教育可能进行的是思维固化训练，主要强调的是答案的唯一与标准性。可是任何一个问题，都会有无数的可能性。那么，人到底应该怎么思考呢？简而言之，就是到底该怎么想，才能更快更准确地得出答案呢？我们应该培养学生怎样的思考意识与习惯，教给学生怎样的思考方法才能让学生少走弯路收获更多呢？

基于上述思考，我们确立了工作室的研修目标——通过课堂教学致力于提升学生的思维能力，在思维中发展学生的语文素养。我们的研究主题是——关注学生的学习状态，探索通过课堂教学对学生进行思维训练的教学策略。我们的主要研究领域与内容是——关注小学语文的不同课型，研究学生的学习与思维状态，探讨训练学生有效思维的不同的课堂教学策略。

二、我们的研修形式与内容始终因需而动

为了更好地达成工作室的研修目标，实现工作室入室成员的有效成长，工作室在专题研修活动的形式和内容上都结合大家的成长需求做了精心的安排。

（一）积极组织阅读学习交流活动

语文老师怎能离开阅读积累？给学生一杯水的我们至少要有一桶水。所以，茹敏名师工作室从创立之初就积极为工作室成员创设阅读条件，鼓励成员阅读，每月至少举办一次阅读学习交流活动，以提升工作室成员的文化修养，引导工作室成员深入研学课程设计理念及课标要求，同时及时关注教育时讯，以便随时修正更新自己的教育理念。

（二）全员参与与自主选择活动相结合

工作室成员毕竟全是一线的小语教师，很多人还是班主任。为了尽量不影响工作室成员原有的工作，我们通过每月至少一次全员参与活动与定向自主选择活动相结合的方式开展工作室的各项专题研修活动，使大家的学习方式更灵活：带有共性的课堂教学研讨或学习活动要求全员参与；符合自己学习需求的不同学段的课堂教学研讨活动可以结合自己的学习需求自主选择参与。

（三）开展互动式研修，提升成员教学水平

茹敏名师工作室的主要活动方式就是针对工作室成员自身遇到的真实的课堂教学的实际问题，开展课例研修活动。采用入室成员执教公开课，领衔人与其他入室成员一同听评课的方式，聚焦课堂，关注生本，研讨有效的课堂教学思维训练策略。

（四）立足校本科研课题，以教研促发展

工作室根据工作室成员的科研任务和科研需求，结合课例，指导工作室成员结合自身特长确立小专题研究方向，或者结合自己学校的校本研修课题完成数据、案例、论文等的搜集与撰写工作。结合研修目标，我们先后进行了"生态课堂""融合课堂""阅读+""科创+"等校本科研课题的研修，工作室成员收获颇丰。

三、我们的研修成果始终为课堂服务

课堂是学生学习的主场所，是学校育人的主渠道，是促进学生发展的主

阵地。课堂是学生生命成长的原野，是教师专业化成长的起点与最终归宿。"上好课"的愿望，是一个教师成功的动力源；具备"上好课"的本领，是教师专业化发展的基础。各种各样的创新与尝试打破了原有课堂沉闷陈规的枷锁，让我们的课堂变得丰富多彩、热闹非凡起来。但，什么样的课堂才是真正的好课堂呢？

课堂即学堂，"学堂"里的"学"首先是学生的"学"，学生的学习状态首当其冲。学习状态包括学生个体的学习状态，也包括课堂上学生的整体学习状态，还包括学生的个体学习状态的变化发展过程。我们的课堂建设一直将聚光灯聚焦于课堂中最核心的要素——学生，并予以研究。因为我们知道，抓住了学生的发展，就抓住了课堂的主体，也就抓住了建设好课堂的根本。我们的课堂就是要关注学生最自然的学习状态，关注学生的整体性、个体性、差异性以及发展变化，努力为学生营造健康、美好、和谐的课堂学习环境，促进学生的思维发展。

所以，通过大量的课堂案例的实践与摸索，我们总结了不同课型中的基于学生学习状态的思维训练模式。

（一）识字教学中的思维训练

激发观察与思维，让识字不再枯燥。识字教学是语文教学的基础与根本，通过识字教学培养学生的独立识字能力，促进学生提前读写是我们教学的终极目标。识字教学的思维训练主要是通过以下三点实现的。

（1）合理运用汉字造字特点，引导学生按规律识字。

（2）引导学生发现汉字词语内在的逻辑关系，学会归类识字，提高学生的识字效率。

（3）及时总结识字方法，帮助学生巧用方法记字，突破易错字识记难点。

（二）阅读教学中的思维训练

巧用文本，方法牵引，调动学生阅读思考。阅读能力的实现是思维品质的体现。善思的阅读才是有效的阅读，有效的阅读最终才会让学生的思维品质得到大力发展。

（1）通过联想与表达，体会话外之音。

（2）抓关键词句感悟理解。

（3）概括与复述，提升阅读理解能力。

（4）线索导读，情感升华，让阅读更深入。

（三）口语交际训练教学中的思维训练

让口语随"需"而言。达成口语交际训练课堂教学中的思维训练，可以从以下三点入手。

（1）创设情境，让学生在口语交际的实际过程中提升口语交际能力。

（2）训练学生倾听的能力，为提升学生口语交际能力奠定基础。

（3）言之有物，言之有序，语随"需"言，让得体的表达提高学生的口语交际能力。

（四）习作教学中的思维训练

丰富习作形式，创新习作内容，培养学生的写作兴趣，调动学生思维。习作教学从仿创开始，通过仿创感悟表达方法，学习思之有理，言之有物，论之有情。然后通过拓展习作形式，创新习作内容，引导学生学习谋篇布局，由简入繁，放飞思绪，开放表达。通过先表达后规范，引导学生在习作实践中更深切地掌握表达方法。

上述课堂教学模式的研修摸索，为工作室成员更好地把握课堂教学提供了帮助，极大地促进了工作室成员教育教学能力的提升。茹敏名师工作室也相继培养出了可以独当一面的市、区学科教学带头人，市区教坛新秀，区优秀教师若干，多名成员成长为区级骨干教师，并独立承担区级讲座和教学研讨活动，极好地发挥着名师的引领辐射作用。

展望未来，任重而道远。课堂，决定教师的高度，决定学校的品质。茹敏名师工作室全体成员深深地意识到，真正的好课堂，并非一蹴而就的，而是需要艰辛探索打磨，必将经历凤凰涅槃与浴火重生的痛苦洗礼，但是，也只有让课堂返璞归真还原本质，教师聚力课堂履行本职，学生倾力课堂回归本体，我们的课堂才有生命张力。"聚焦课堂、研究教学、促进学生思维发展"，是我们永恒的主题。

当然，通过总结反思茹敏名师工作室的各项工作，我们也发现了自己的不足之处，比如在人员的培养上不够均衡，公开课的承担人员过于集中，对工作室成员的理论水平的提升着力不够……所以，在未来的工作中，我们还将继续努力，探索出更好的活动方式与内容。

十年树木，百年树人，无论于学生还是教师而言，成长都不可能是一蹴而就的。但，我们会一直坚持初心，默默耕耘，因为——大道至简，唯有徐徐图之！

汇萤火闪耀之微光，拨智慧教育之迷雾

代楠名师工作室　代楠

"'褒歌'为对唱形式的山歌，始于承袭，历经衍化，是我国台湾福佬系居民在传统的农事活动中喜爱说唱的一种民歌形式。你们认为，福佬系居民常在什么时候说唱'褒歌'？①山林砍柴时。②田野收麦时。③茶园采茶时。④集市售卖时。"

"应该是②，不对，可能是②③。"

"但是我认为①也是一种农事活动啊，是①②③吧。"

"让我来告诉大家吧，这个题目的正确答案是①③。"

……

从成都市双水小学的一间会议室里传出了阵阵讨论声，这是成华区代楠智慧教育名师工作室开展的"全人教育观下的学习指导"研讨会的现场。来自不同学校不同学科的入室研修老师们正在兴致盎然地讨论着一道八年级地理试题，期待借着这道题目所反映出来的教师的教与学生的学之间的关联，探索成华区作为全国智慧教育示范区创建区域，在新课程标准下，教师针对学生的学习指导方法可以尝试的改革路径。

目前，代楠智慧教育名师工作室参研的十位来自不同学校、不同学科的教学骨干，就像闪耀着微光的萤火虫汇集在一起，通过自身的努力和钻研，不断地在智慧教育教与学模式变革的迷雾中寻找着属于成华的答案。

"智慧教育名师工作室，就是集教学、科研、研修等职能于一体的智慧教师合作共同体，形成聚焦智慧教育发展，合作共进的教师工作团队，为我区中小学教师探索并推广先进的教育思想、管理理念和典型经验。"在工作室领衔人代楠看来，"智慧教育示范区创建有明确的探寻方向，但具体应该建成什么样，并没有实际的先例可循，探索区域智慧教育示范区创建背景下的教育教学改革和管理创新，是我们智慧教育名师工作室的工作宗旨。"

一、智慧教育发展理念下的研修探索

"通过云平台进行的这种校内管理流程的优化，能更大限度地拓展云平台应用场景，还能为老师们在繁忙的工作中大幅降低在校内多部门进行沟通的时间成本。"成都双语学校和悦分校的余晓萍老师通过视频会议系统向大家做了"区校一体化"智慧教育云平台在校内"流程审批"模块流程优化演示后，在镜头面前向工作室其他老师介绍着学校在管理流程从信息化、规范化到精准化上的变化。

"我们处在全面信息化的时代，智慧教育发展的理念、教与学的环境与模式都处在不断动态调整和优化期。"领衔人代楠认为，"线上与线下的融合不仅仅融入了我们的生活消费理念，无论是OMO教学模式还是Blend-learning混合式学习都已经逐步走向常态化，当下的教师研修模式也必须主动拥抱这个线上线下融合的新时代。"

从2021年组建智慧教育名师工作室开始，工作室就明确了依托支撑智慧教学、管理、服务的"区校一体化"的成华区智慧教育云平台，探索新技术下创新型人才培养模式、智慧教育治理和教育精准供给模式的工作思路。工作室开展的研修探索，就是以团队"探讨、协作、研究、成长"为工作目标，打造一支通过研究信息化条件下的课程、课堂、教师、学生，并遵循优秀教师的成长规律，引领区域智慧教育实践的骨干教师队伍。同时，形成基于智慧教育发展理念，立足于新技术条件下的教与学方法研究主阵地，融合线下集中研修和线上同侪交流，以成华区智慧教育云平台名师工作室网络空间为载体，以行动研究为主、理论研究为辅的具有成华特色的名师工作室研修模式。

二、跨学科跨学段头脑风暴期待破局

"我们校园中的教学楼、食堂、综合楼等都是立体图形，怎样将这些立体图形的一些关键信息在屏幕上绘制成平面图呢？让我们借助网络画板一起来看看。"成都市海滨小学邓亚曦老师在综合实践研究课《绘制校园平面图》上指导学生通过"网络画板"绘制学校平面图。

在一次以"智慧教育教与学新模式研究"为主题的线下研修活动中，来自语文、数学、英语、体育、历史等多个学科的参研老师纷纷从各自学科的角度，对这节基于数学学科的"网络画板"学科工具应用的课上展示出来的学生"自适应学习"模式展开了讨论。大家一起回顾在这节数学课堂上观察到的片段，分享了泛在化网络的学习空间、智能化加持的学习手段、强交互共享的学习模式、教育大资源的学习意识等学生应该适应未来的几种学习方式。

"大家都来自不同学科，甚至学段都不同，但都有通过我们的引导教会学生学会学习这一共同的教育目的。"双林小学语文教师孟茹老师在讨论中说道，"虽然我们有着学科特点的差异，擅长的教学风格也都不一样，但是恰好更能互相借鉴、取长补短，更能形成一些新的教学思路，这种来自跨学科跨学段的'思想碰撞'，带给大家的收获远远比一次简单的讲座和观摩要大得多。"

"学习的目的不在于掌握琐碎的知识，而是在获取、追求知识的过程中学会怎样学习，只有学生自己亲自发现的知识才是真正属于他自己的东西。"领衔人代楠认为，"工作室的教师也是如此，通过从不同角度和立场对教育本身进行剖析，更能理解教育的本质是要培养学生发现知识的能力，通过引导学生自身在学习中发现、总结，最终形成理论并能自主解决问题。"

而这一认识，已经在每一个工作室研修成员内心扎下了根。他们在各自的学校和各自学科，不断地尝试培养学生多角度解决问题的能力和跨学科创新应用能力的教学实践探索，这对区域智慧教育教与学新模式探索有着积极的意义。

三、过程性考核为破师生评价之困探路

"请大家一定要明确一个核心认识，编程带给学生的不仅仅是敲打代码，而是学生思考问题、运用计算机解决问题的方式，重点应该在于思维的训练……"工作室参研成员成都市第四十九中赵明老师向屏幕前参加陕西省国培项目的老师们讲解着。这是他第三次接受陕西师范大学的邀请，担任陕西师范大学人工智能与科创教育研究中心培训教师，在西安市教科院组织的《西安市人工智能专题——Python编程》培训中负责的40个课时的辅导教学中的一个教学片段。

在《代楠智慧教育名师工作室成员2022年度考核总表》中可以看到，赵明老师凭借自己在专业上的突出成效，在"校外辐射引领成效"这个维度上获得了最高分10分。

2021年代楠智慧教育名师工作室通过全体成员充分研讨，共同拟定了《代楠智慧教育名师工作室成员考核管理办法》，并在2022年进行了修订。修订后的管理办法包括"师德及业务素养""智慧教育研究工作"等5项一级指标，通过"科研课题研究工作"和"智慧教育相关改革试验工作"等11项二级指标，包括"主持教育科研项目"和"成员本人在校、区、市、省级经验交流（展示）"等20个三级指标，结合学校定性主观评价和量化的客观数据，为每一位参研成员进行过程性动态评价。

"我们教师的工作本身就具有极大的创造性与灵活性，工作室参研的每一个教师更是在不同维度都具有鲜明的个性，这其实对我们进行量化考评是一项复杂且充满挑战的工作。"四川省成都华西中学郑雷老师笑道，"我们集体讨论形成的考核办法，除了考虑到教师师德修养等基本评价要素外，还针对其工作重点进行了成果成效和辐射引领等多个维度的评价。所有参研老师通过参与对年度考核形成性材料的提交和比对同工作室参研老师的评价得分，进一步加深了对参研工作的理解和对个人专业成长方向的把握。"

在2022年，工作室多位参研老师将"共同参与评价指标拟定、定性与定量评价相结合、分类分层次评价相结合"等评价措施运用到对自己任教班级学生的学业评价或学期评价当中，在通过过程性评价鼓励学生不断地找出和发现自己存在的差距和问题的同时，引导学生随时调整自己的行为，在帮助学生多维成长评价方面做出了积极的探索。

四、勇敢直面数字化转型带来的新挑战

"这是南京的一所学校，利用智能纸笔系统开展学情分析研究，通过光学识别技术记录书写过程，实现书写轨迹记录，通过作业完成时间、练习题及时反馈结果等数据，推进高质量作业设计的一个案例。"在代楠智慧教育名师工作室"中小学教育装备数字化转型新视角"研讨会上，南京市教育技术装备中心的宋涛老师在屏幕的另一端，为工作室老师详细介绍着在大量数据化转型的过程中，南京装备管理中心的实际工作中出现的大量案例。从网络改造的整体思考，到高中生物学科中户外水体数据感知载体的集成案例，再

谈到智能纸笔系统、纸网一体智能笔和智能运动操场数据采集等新技术新应用场景，无一不使老师们自己以及自己所教授的学生在新时期教学过程中应具备的数字素养与技能的提升感到越发急迫。

"数字素养与技能，是数字社会公民学习、工作、生活应具备的一系列素质与能力的集合。"领衔人代楠老师感到压力很大，"我们培养的学生，应该是适应未来学习方式和未来生活方式的学生。就像杨宗凯教授所言，教育的全面数字化转型已成必然趋势，在数字化突飞猛进的当下，每一位教师都面临相同的挑战，我们应该以什么样的方式站在学生面前，我们才能适应未来立德树人的要求，才能成为未来优秀的教育人。"

在代楠智慧教育名师工作室第二届主题为"观全球社会之大变革，悟教育发展之大智慧"的读书分享会中，可以窥见工作室面对挑战的勇气。工作室通过集体共读共研《人类简史》《教育中的人工智能》等书籍，密切关注近代科学技术的高速发展引起的全球社会各方面的变化与趋势，不断思考在社会大变革时期教育发展的前景，在读书与交流中汲取知识，开阔视野，不断地鞭策自己做"有思想的智慧教育者"。

"物有甘苦，尝之者识；道有夷险，履之者知。"代楠智慧教育名师工作室的萤火之光的价值正在逐步显现，2022年工作室领衔人带领10位成员共荣获国家级案例6项，省级案例3项，在教学技能成果方面获得国家级成果2项，省级成果1项，共计4篇论文在国家级期刊发表，目前在研的5项省级研究项目和6项市级研究项目稳步推进。智慧教育名师工作室的老师们正坚定地立足平凡的岗位，敢于担当，勇于探索，凝聚集体智慧，有一分热，发一分光，就好比不断汇集在一起的萤火之光，同心协力去拨开智慧教育之迷雾，逐步照亮基于成华教育实际的实践探索之路。

学习·思辨·提升

董慧名师工作室　董慧

根据成华区教育局名师名校长工作室建设精神，为充分发挥名师工作室传、帮、带辐射引领作用，有效促进教师的专业发展，成华区董慧名师工作室结合小学语文核心素养和创新型人才必备能力要求，围绕工作室理念及工作目标，采用多种形式积极开展各项研修活动，以充分发挥优秀教师的示范引领作用，取得了显著成效。

一、工作室理念及定位

1. 理念表达

思维训练；文字是思维的音符，思维是阅读的灵魂，让思维在文字间跃动。

2. 理念定位

"不下决心培养良好思考习惯的人，便失去了生活中最大的乐趣。"思维能力是在工作、生活中遇到问题要"想一想""思考一下"，这种"想""思考"就是思维能力，即通过分析、综合、抽象、比较等，将感性材料加工转化为理性认识来解决问题的过程。思维能力是学习能力的核心，是对新输入信息与脑内已储存的知识经验进行一系列复杂的心智操作的过程。柏拉图认为："思维是灵魂的自我谈话。"一个人只有调动思维活动，才会有明确的目标，才能真正做到知行合一。

教育的本质是改变人的思维和价值观，工作室遵循优秀教师的成长规律，以"思维训练"作为研修切入口，提出"文字是思维的音符，思维是阅读的灵魂，让思维在文字间跃动"这一工作室理念，契合《义务教育语文课程标准（2022年版）》语文核心素养中"思维能力"训练的要求。

二、工作室目标

工作室在成华区名师工作室的总体目标指导下，遵循优秀教师的成长规律，以"以课堂教学为载体、以教学研究为驱动、以教师成长为宗旨、以学生发展为目的"为工作室目标，围绕思维能力训练组织开展小学语文课堂教学实践与教育教学研究，形成整体推进、共同提升的良性机制，开发优质课堂教学资源，探寻语文思维能力训练在教育教学中的规律和方法。

三、工作室研修模式及工作成效

根据实际情况，工作室制定了"自主学习 + 集中研讨"的研修模式，工作室成员在各项学习和研讨活动中学习、思辨、提升。

（一）理论引领——问渠那得清如许？为有源头活水来

根据"思维训练"这一理论需要，工作室组织专家对成员进行思维训练理论引领，组织新课程标准学习活动，在培训中提升成员的专业素养，在学习中提高其理论水平。

1. 追根溯源

（1）了解思维和学习的机制

工作室特别邀请心理学专家就"学习与脑科学"这一话题对"思维训练"的源头进行剖析。"教育，从本质上是对大脑的塑造。"工作室的老师们通过培训学习对思维训练有了进一步的认识，学校教育应以开发脑的学习能力为导向，在教学中必须遵循青少年神经发育的特点，恰当激发学生学习的内部动机、将理论与实践结合对学生进行有效的思维训练。心理学专家还从生理结构层面分析思维与学习的关系，为工作室"思维训练"这一理念提供了更科学的依据。

（2）用思维撬动审美和文化

工作室邀请语文学科专家对学员们的教学思维进行系统培训。"教育的本质是培养思维"，语言教学从三维目标（情感、态度、价值观）进入核心素养时代（文化自信、语言运用、思维能力、审美创造），最核心的就是思维，思维、思考、思想是进入新课程新征程的必由之路。文字的背后是情感，情感的背后是思维，让语言和思维在语文课堂上同构共生。思维训练的专业引领为工作室"思维训练"这一理念的践行提供了指导方法。

2. 明确方向

2022年4月《义务教育语文课程标准》出台，工作室组织多项新课程标准的线上线下培训。通过学习，工作室老师明确了新课程标准在价值引领、课程理念、课程目标、课程内容、课程实施等方面的变化。语文核心素养的目标要求，对语文学科的教学指出了更明晰的方向，特别是课程标准中对"思维能力"的详细表述："语言是重要的交际工具和思维工具，语言发展的过程也是思维发展的过程，二者相互促进。"促使工作室成员积极思考、主动实践。

（二）课程研修——诗书勤乃有，不勤腹空虚

1. 自主阅读提升文化素养

阅读是享受生活的一种文明而又高雅的方式，工作室为每位成员挑选、购买各类书籍，老师们根据自己的时间自主阅读，通过对各种不同类别书籍的阅读，汲取全面营养，提高自身文学素养，充盈内心、丰厚底蕴，在促进自我完善的基础上，增强阅读理解能力，提高思维的敏捷性。

2. 配置课程资源自主研修

老师们在自主研修中，专业课程的学习至为关键，工作室为学员优选课程资源，老师们灵活利用时间进行研修，通过课程资源观摩全国名师课堂教学，聆听知名专家课程讲座，在自主研修中提升理论水平和职业素养。

3. 反思总结梳理学习情况

老师们在自主课程研修的过程中，对每一阶段的学习梳理、反思、总结，将思考过程、学习困惑、收获提升进行结构化整理，在研修中训练思维、积累方法。

（三）扎根课堂——纸上得来终觉浅，绝知此事要躬行

1. 教学设计

科学合理地进行教学设计是促进工作室成员培养思维能力的有效途径。根据新课程标准的要求，结合工作室理念定位，工作室开展各种教学设计活动，促进教师研读新课程标准，研究学科新理念，学习相关课例，联系学段特点和儿童心理进行教学设计，融入自己的教学主张和教育思想。在这一过程中，老师们在教学前研读思考，在课堂上大胆实践，在教学后勤于反思，提高了专业能力。

2. 课堂实践

教师的发展在课堂上，教师只有在教学实践中才能锤炼自己的专业技能。工作室开展各项课堂实践活动，工作室成员在课堂教学实践中不断磨炼自身的能力，促进其从理论到实践的转化提升。工作室每位成员都有自己独特的教学个性和课堂风格，在课堂教学的各个环节中，以发自内心的教学思想来重塑自己的教育行为，用自己独特的教学魅力来感染学生，从而提升教师专业素养。

（四）思维碰撞——如切如磋，如琢如磨

1. 成立学习小组

工作室根据成员情况，将成员分成不同的学习小组，成员推选组长负责组织小组活动，组长统筹安排。各个学习小组成员互助帮扶，协作完成负责的各项工作。成立学习小组的方式，在成员共同促进的基础上加强了校际交流。

2. 合作分享展示

工作室联合学校开展各项学科研讨活动，为工作室成员提供更多的展示平台。老师们结合自己的教学实践，选定话题，与工作室同伴进行研讨，在思维碰撞中收获启迪，在切磋琢磨中激发自信。

3. 信息推送

工作室通过微信公众号发布工作动态、专家对话、课标学习、学习分享等多项推送，对工作室研修活动、工作室成员的学习收获、精品教学设计、工作简报等及时上传，现累计已有上万人次点击阅读，对扩大信息交流，产生了一定的影响。

四、工作室成员成长

（1）工作室每位成员均在校级和工作室活动中进行过研讨课的发言分享，在教育集团学科论坛和工作室研讨活动中发言分享，这样的活动方式极大地激发了成员们的专业自信。

（2）工作室成员在小专题研究、教材研读、各项赛课、教学设计、作业设计、学术论文等方面均多次获奖，增强了自身的职业成就感。

（3）工作室成员在各项研讨中，经历活动全过程，通过活动筹备、通信报道、图文编辑、协作沟通等工作，提升了个人综合能力。

（4）工作室成员在领衔人的指导下，职业素养、专业能力不断提高，逐渐成长为校级或区级语文骨干教师。

五、工作室问题反思及努力方向

（一）问题反思

（1）由于工作室成员所在学校不同，地点分散，时间相对紧张，成员在专业素养、研究能力等方面存在一定差异，具体计划有时在工作实施中不能完全达到预期效果，在整体工作落实中存在一定偏差。

（2）工作室在课题研究、引导区域学科发展、有效解决教学中的热点难点问题方面的能力还有待进一步加强。

（二）努力方向

1. 注重科学规划，多种途径推进

工作室将进一步把握课程体系，关注教育发展，了解教师培训需求，科学规划活动内容，开展线上线下等多种途径的研修活动，保证工作室研修时间，争取成员学校支持，尽可能多地解决教学与研修的矛盾。

2. 创新活动设计，保证培训质量

工作室将充分借鉴学习，创新工作方式和活动设计，以小学语文课堂教学实践为基础，搭建更多成长锻炼平台，创造更多对外交流机会，提高成员教学专业技能、活动组织能力、学术研究水平。

3. 加强课程研究，提升学术水平

工作室将继续围绕小学语文思维训练展开教学研究，探寻在小学语文教学中培养学生思维能力的方法和规律，整理活动过程中呈现的作品和取得的成绩，提炼培养小学语文教学思维训练的经验成果。

知难而上临危不惧，砥砺担当奋楫扬帆

高霞名师工作室　高霞　罗啸　陈潇雯

高霞名师工作室成立于2022年3月，以切实加强成华区中小学校学生心理危机的识别和科学干预为目的，通过构建成华区校园心理危机干预体系，进一步推进校园心理危机处置工作全面协调发展，培养一支区域学校心理危机干预专业队伍。工作室成员包含领衔人高霞老师共12人，均为我区优秀的一线心理老师，对学生心理危机干预的学习充满探索与求知的欲望，希望通过学习不断提升自己的能力，在实践中不断锻炼自己，达到更好地保护青少年健康快乐成长的目的。

一、明知山有虎，偏向虎山行

多项调查表明，我国大量青少年正面临各种情绪和行为问题的困扰，且抑郁症等心理疾病的发病率呈逐年上升态势，非自杀性自伤、自杀行为在青少年中屡见不鲜。校园心理危机干预，一个多么敏感的话题！对2021年的成华区而言，更是一条令人惧怕的"井绳"，明明可以避而远之，高霞却做出了偏向虎山行的选择。从提交申请到获得批复的那两个月，她的心里总是有些纠结。一个声音常常在耳边响起："太难了，干吗去顶这盆刺？"直到文件印发出来，她的心也就坚定下来了。于是她开始招兵买马，万万没想到的是全区中小学竟然有39名老师报名，这给了她极大的鼓舞！教育局规定，工作室成员上限不能超过11人，她不得不提出每校只能报一位老师的限制，最后还是有20人强烈要求进入工作室。在请示了局领导后她决定将工作室分成核心组和共同体。共同体的成员不同于核心组，须纳入考核，但可以参加核心组的研修活动。

高霞名师工作室以"学校心理健康教育"为领域，"校园危机心理干预"为研究方向，旨在通过三年的研修，达成以下三个目标。

（1）调查了解校园心理危机干预的困境。

（2）组建一支专业的校园心理危机干预队伍，通过研究促进工作室成员的专业化成长。

（3）建立校园心理危机干预家、校、社协同机制，形成应对校园心理危机的实施策略和协同干预模式。

据了解，高霞名师工作室是目前全市唯一的校园心理危机干预工作室。高老师说："人生有两条路可以选择，一条路容易，另一条路比较艰难，要选就选艰难的那条路。我和我的团队，我们只是选了一条难走的路！"

二、"双导"引方向，"双理"强专业

本工作室以专业化的校园心理危机干预教师所必备的条件和要求为出发点，充分考虑成人的学习特点，切实围绕工作室发展目标以及研修成员培养目标，"双导"引方向，"双理"强专业，共设置三个阶段、三大模块的培训内容。

（一）"双导"

在导师配备上，工作室实行双导师制，为学员配备"1+N"个导师，即一名常年实践导师、N名主题研修导师。高霞作为工作室领衔人，是工作室实践导师；工作室聘请高校或业内专家为工作室主题研修导师。2022年，西南民族大学陈秋燕教授、张海滨讲师，西南交通大学陈华教授，成都市教科院心理教研员曹璇老师等多名高校教授和业内专家担任了工作室主题研修导师。

在研修方式上，坚持指导+督导的"双导制"，定期对学员进行理论指导、课题指导、实践指导、案例督导等。

（二）"双理"

工作室始终将咨询伦理作为专业底线，将学术理论作为专业成长线，以增强成员的专业胜任力。

（三）三个阶段

从"理论提升""实操提高""个人成长"三个阶段设置课程，层级递进，从前沿理论知识掌握到实操核心问题突破，再到个人能力提升，最终实现科学识别和干预校园心理危机，有效预防学生心理危机，促进学生心理健

康发展。

（四）三大模块

把握"心理危机干预前沿理论与技术""校园心理危机干预实务与科研方法""心理教师个案督导及个人成长指导"三大课程模块。

一年来，工作室多次举办各项研修活动，如2022年4月，工作室课题组邀请多位专家就《中学生心理危机干预"家校医"协同机制建设与实践研究》立项筹备进行相关培训；同年5月，工作室邀请专业心理咨询师、督导师李旭东老师进行主题分享《心理咨询师的职业伦理和案例研讨学习》；10月中旬，成华区高霞名师工作室联合《中小学生心理危机干预家校社协同创新研究》课题组，邀请王涛斌老师对课题理论构架及危机干预实操主题进行分享学习……

丰富的学习内容帮助工作室老师逐步扎实危机干预、辅导的理论基础。

三、爱心防疫情，专业化危机

工作室在不断研修、自我提升的同时，也并未忘记回馈社会，担起肩头的责任。在2022年下半年，全区经历的多次防疫抗疫战中，工作室主动作为，紧急成立心理援助志愿服务队，面向社会提供心理援助。工作室全体成员通过热线电话、QQ咨询、社群援助、心理网课等多种方式，为三万余人次提供了及时专业的心理援助，耐心倾听，真诚反馈，为缓解疫情中的家长、孩子及一线抗疫工作人员等的心理压力做出努力。

同时，工作室原创设计并印制了上千份《致战"疫"路上勇敢的骑士们的一封信》《致战"疫"路上勇敢的志愿者们》，为战斗在疫情防控一线的保供人员、志愿者们提供科学的心理舒缓的小贴士。

成都疫情防控攻坚战期间，高霞名师工作室学以致用，将理论与实践结合，以专业的力量为成华居民提供公益性心理咨询服务，及时帮助来访者应对心理困惑，化解心理危机，这是一次重要且有益的心理援助探索。

2022年，工作室成功申报了成都市哲学社会科学规划课题、成都市教育科研规划重点课题《中学生心理危机干预"家校医"协同机制建设与实践研究》，积极参与《未成年人自杀与防控策略研究》课题研究。

回首工作室成立的一年，全体成员在领衔人高霞的组织领导下，多次参与各类学习活动。然而，由于没有过多类似的参照模板和范例，我们只能边尝试、边反思、边改进。

首先，工作室成立初期就筛选了区内部分学校心理教师资源，构建了危机心理干预工作室的基本框架，但在危机干预制度建设、危机干预实施方案的确立以及危机干预预警对象库的建立方面还比较缺乏。今后工作室需要有完整的学校心理危机干预体系和快速高效应对危机发生的程序化模式，方可更及时快捷地应对危机事件。

其次，工作室在心理危机干预过程中，缺乏对学校危机干预师、心理辅导老师的专业督导。

再次，工作室进一步加强与街道办、社区、教科院、德育科、安全应急科等多部门协同合作，尽力给处于心理危机的学生更多关爱、支持和陪伴。

最后，危机干预是一个由评估、干预治疗到后期追踪等环节构成的系统化的过程。每一个过程所需要的专业化程度都很高，需要经过专业培训和专业操作程序，目前工作室老师只接受了有限的危机干预理论知识和操作培训，难以满足现实中处理学校危机个案的需求。

我们选择了一条难走的路，一年来，我们走得艰辛而坚实；我们选择了一条前人没走过的路，坚定地走下去，就能蹚出一条路来。知难而上临危不惧，砥砺担当奋楫扬帆！

共同成长，一起飞翔

杨书虎名师工作室　杨书虎

成都市杨书虎名师工作室、成华区杨书虎名师工作室，是根据市区名师工作室实施意见及相关文件精神，经市、区教育局批准成立，目前是成都市第三届、成华区第四届名师工作室。本届工作室成员来自德阳、都江堰、龙泉驿、双流、新都、郫都、彭州、成华等区、校，共有成员50余人，其中核心成员30人（市级19人、区级11人）、骨干成员8人，跟修成员20余人。领衔人杨书虎，系电子科技大学附属实验小学文宣处主任、美术课程中心主任，是正高级教师、天府名师、四川省特级教师、教育部国培专家、四川省教育学会美术专委常务理事。

杨书虎名师工作室成员合照

一、工作室理念、定位

杨书虎名师工作室吸收与接纳的是有强烈成长意愿、志同道合的优秀美术教师，组成了一个学习与研究的共同体，以"共同成长，一起飞翔"为建设理念，充分发挥全体成员的智慧，发扬团队开拓创新和合作精神，取长补短，不断完善自我，不断提高各自的教育教学和研究水平；力求通过工作室培训学习、示范引领、成果辐射，实现资源共享、共同成长，努力把工作室建成"名师成长的摇篮，资源辐射的中心，师生对话的平台，美育科研的基地"，从而培养一批具有良好师德、先进理念、厚实专业、扎实科研的美术教师人才，为推动成都、成华美育发展做出自己的贡献。

为此，我们设计了工作室的标志。如下图，简洁的图案，大气易识；共书成华美育灿烂的明天从提升自己开始，是工作室这群美育人的共识与心愿，也是工作室"共同成长，一起飞翔"理念的体现。

创意说明：

1. 图形创意： 标志采用草书"书"与蓝色菱形为主体进行创意设计而成。

2. 图形释义：

主体书字采用唐代书家张旭十五日帖▓，一则取自领衔人名中之字，二则寓意工作室本身就是带领"一群热爱读书上进的教书人"，在工作中研究，在研究中成长，在美术教育领域耕耘、创造、书写。

外部及底纹菱形正中有变，借喻工作室在坚守应有的规矩与要求中保持美育人独特的棱角。蓝色意寓希望与沃土，深蓝色、浅蓝色的交错汇集闪耀，凸显凝聚如钻石之尖，寓意在工作室这方充满活力与希望的沃土中，这群未来的中坚们在领衔人带领下，共书灿烂辉煌，直达艺术之巅。同时，也将工作室引领、辐射之光照耀四方。

3. 整个图案简约大气，寓意深远，明快美观，易于识辨

工作室标志

二、工作室目标

一名教师的成长始终离不开课程、课堂、技能、科研这几个方面，为了让工作室老师们方向清楚、目标明确，工作室制定了以下工作室目标。

（一）提升教学水平

工作室通过研读教材、集体备课、美术成长课堂展示与研讨、网络交流、室内观课议课、专家讲座、送教、各级赛课活动等方式，尽力提高工作室成员美术课堂教育教学水平。

（二）加强专业技能

工作室通过专家讲座、写生创作、定时研修、参与赛事等手段和方式，

让工作室成员了解美术的前沿发展，更新成员们的美术教育手段，提升成员们的美术创作与表现专业技能。

（三）提高科研能力

工作室通过课例撰写、教学叙事、教学反思、小专题研究、课题研究等由浅入深、循序渐进的科研方式积极探索年轻优秀美术教师理论素养提升的新路径。同时，带领工作室成员阅读教育专著，进行校本课程开发，提高其教育科研水平，促进老师们向研究型教师发展。

（四）创立美育特色

工作室聚焦学校美术教育，帮助工作室成员解决在教育教学中遇到的问题，提升名师工作室成员的综合素质，为他们厘清发展方向，帮助成员及其学校创立和形成特色教学理念，使其有为有位。

（五）发挥工作室辐射带动作用

工作室以论文、专著、研讨会、报告会、学术论坛、讲座、送教送培、写生采风等形式向区内外辐射、示范，发挥工作室在教育教学与教师专业发展方面的引领、示范和辐射作用，实现资源共享，充分发挥名师作用，培养美术教师有效、快速成长，使本工作室成为培养优秀美术教师的重要发源地、优秀青年美术教师的集聚地和未来美术名教师的孵化地，从而有力地推动我区优秀美术教师队伍建设，引领全区美术学科课程教学改革。

三、研修模式

名师工作室以"与名师共成长"为主题，以领衔人为核心，邀请专家为顾问，通过理论培训、实践考察、专家指导、课堂研讨、课题研究、实践反思、论坛沙龙等形式，努力促使成员们综合素养的全面提升。每名入室学员都要根据自身基础和发展潜力，制定好自己的发展规划。名师工作室以本地实际及需求为基础广泛开展活动，营造成员之间相互学习、交流、研究、合作的良好环境，促使成员自身专业能力较以前得到显著提高。

（一）以成长促成长

成长是每一个人的愿望。向往名师的能力，渴望自身的提高，是每个工作室成员心中的一团火。领衔人就是点燃他们心中火苗的人。如何激发他们的内生动力？名师的故事，特级的述说，对于他们来说，似乎有些遥远，那用什么呢？用身边的榜样，用我们自己。于是"以成长促成长"工作室学员成长分享诞生了。

为了做好这项工作，工作室又分为两步：

1. 做好自己的成长记录

第一步是，每学年工作室均要求大家将一学年来在教育教学各个方面的大大小小、有价值、有意义的资料与成果汇集成册，按工作室设计与提供的模板规范梳理，然后工作室出资给大家装订成册，一本发给大家自己存留，一本作为工作室档案保留。

成员们通过梳理就会发现这一年"收获挺多，我要继续努力！""唉，忙忙碌碌一学年，怎么没有几样能记载下来的呢？下一年一定要加把劲儿。"在自我梳理中，自我反思，促进自我鞭策。

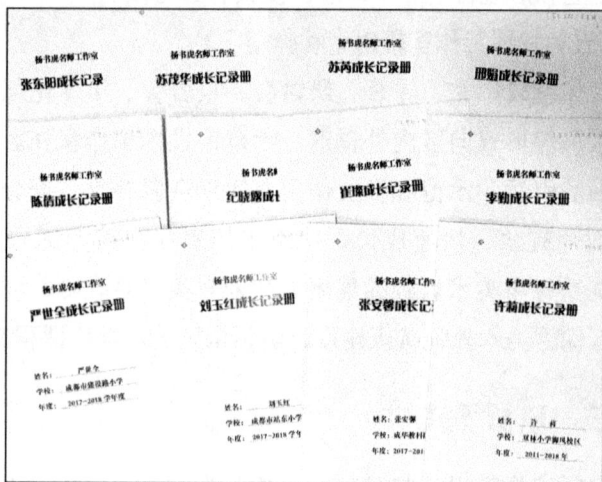

工作室成员成长记录册

2. 成长故事分享

第二步是，成员在全体工作室学员培训会上做自己的成长故事分享。成员要与大家交流，那就更要进一步地好好总结：我做了些什么？我做得怎么样？有哪些体会与感想？有哪些可资借鉴的方法与教训？……一番翻检，成败在心间，得失我自知。于分享者，则是一次反思与鼓舞；于学员，于听众，则是一次激励与引导。"这些事儿我也在做呀，我与他差不多呀，为什么他会有这样的成果，有这些成就，我在什么地方有所欠缺呢？……"听身边的榜样，学身边的榜样，以"成长促成长"，一次分享，众人成长。

成长故事分享

（二）悦读悦享悦成长

作为在职教师，我们的学习，其实很多时候都是自己学习；自己学习，其实就是阅读。所以，阅读对我们的成长至关重要，它是我们获得成长的重要方式。

为了让工作室成员们有书可读，工作室定期向每位学员免费赠送书籍。工作室迄今向学员们赠送了《鸡蛋里面有骨头》《育美成华》《中国哲学简史》《中小学美术教学论》《义务教育课程标准（2022版）解析与教学指导：美术》等多本书籍。

阅读有两种形式：一是主动阅读，二是被动阅读。被动阅读，顾名思义就是不是从内心和自身需要出发，而是由于上级压力、任务规定等非主观原因才完成这件事；反之，主动阅读则是阅读者不是迫于外界压力等原因，而是从自身需要出发主动、积极地来完成这件事情。其效果可想而知。我们倡导由阅读走向"悦读"，有了"悦读"，我们就有了内生源泉，不断地读，就不断成长；不断地读，就不断想读。这样，我们就从"悦读""享读"走向了"悦读悦享"。当读到一定的层次与高度的时候，我们有了自己的诸多感受和想法。这些感受与想法仅仅停留在自己的身上、自己的笔记中还不够，我们要让这些感受与想法让更多的人知道，使更多的人受惠，此时，分享会正逢其时。让他们从"悦读"到"悦享"到"悦成长"，我惠及你，你惠及我，由内到外，由外到内，内外着力，由量至质，由读到享，成己达人。在工作室近20次的"悦读悦享"分享中，我们的阅读与成长水平达到了一个新的高度。

另外，我们也有选读，也提倡老师们读些"闲书"，在加强老师们对美术专业技能、专业理论的学习之外，也要求提高老师的综合素养。

（三）美术成长课堂教学研讨

课堂是对学生进行美育的主阵地。提高美术课堂教学质量与技巧，是我们不懈的追求。为此，工作室以打造"美术成长课堂"为抓手，让工作室成员、美术课程中心成员全体参与，做到"人人参与，个个上台"。成员们就课堂中出现的问题、发现的亮点、自己的想法与建议，大家在课后一起探讨、交流。例如，对课堂是应该立足于美术不过多旁涉他科，还是重在融合弱化美术，大家各自阐释自己的观点，将大家对课堂的实践带向深入的理论探讨。

美术成长课堂·教学研讨

除了课堂成长、课堂研讨之外，工作室还利用送教、一师一优课、市区优质课大赛等契机，打造和推出优秀学员与优秀课例。目前，工作室先后到丹巴、广元、巴中、简阳、大邑、金堂等地送教多次，有20余人在市区赛课和央馆优课评选中获奖或入选，大大促进了老师研究课堂的积极性，提升了老师教学的热情。

（四）理论与技能培训

1. 专家讲座理论引领

理论指引我们前进的方向。请进来，让专家为我们引路，让名师为我们导航。几年来，工作室先后邀请省教科院冯恩旭老师、川师大陶旭泉老师、成都师范学院陈实老师、市教科院辜敏老师等专家为我们讲解新课标，介绍工作坊，问症美术课堂等。这些讲座与培训厘清了我们的思想，为我们的行动指明了航向。

2. "点专家·微论坛"——取长补短相互学

除了大专家的指引外，我们还向内部着力。工作室为了发掘和激发工作室内部成员的智慧，设立了"点专家·微论坛"项目，让每一位成员就自已所擅长的方向、小技能、技巧来给大家讲解培训。比如，让会动画制作的洪静老师教大家制作新课开场动画，让会电子书制作的陈倩老师给大家示范与讲解电子书的制作……"点专家·微论坛"项目持续时间一般在十分钟以内，耗时不多，简便实用，反响很好。

3. 专业技能培训

作为美术教师，不能丢了自己的专业，写写画画、做做刻刻一样都不能少。我们邀请了市美协、书协画家们多次走进校园，送来高雅艺术，带来视觉盛宴。工作室邀请了画家、正高级教师郑邦兵老师对大家进行国画技能培训。同时，带领工作室成员跟随四川省诗书画院、区美协写生团外出写生、参与市区文联送文化活动等，多举措提升老师们的专业技能。

国画技能培训

（五）课题研究

课题研究是教师成长的必由之路。名师工作室将教学中的一些问题作为切入口，并对此进行了《课题名称解析与确立》《课题方案的撰写》《课题成果的总结与表达》等讲座与分享，引领老师们从身边的问题入手，对其进行深入细致的研究。比如，国家课程校本化的处理、各校校本课程的开发、学校美术特色的构建等；工作室市级名师课题《走班制背景下的小学美术校本课程体系建设》顺利结题；工作室老师们所研究的课题、小专题有多个荣获市区一、二等奖。

（六）线上与线下相结合

工作室充分利用现代信息技术进行线上线下相结合的网络培训与学习、在线研讨。工作室建立了名师工作室QQ群、博客、微信公众号等交流分享平台，通过网络传播和在线互动，有效地开展名师工作室的在线交流、研讨、答疑与成果辐射，及时解决工作中的问题。

四、工作室成效和成员成长

通过工作室多方面的活动与培训，工作室及所有成员在教育教学、自身技能、教育科研等多方面都取得了巨大进步。

（一）课堂教学方面

工作室进行美术成长课堂实课研磨活动11次，研究展示课5次，让老师在课堂教学方面有了很大提升。工作室成员共有8人在区赛中获奖，获得何丹区成都市赛课一等奖。领衔人杨书虎为网络保学录制书画视频课共30节，为四川资源平台四川云教上直播课共2节，他创编的《新学堂里瓜果香》在四川电视台录播，产生了极大的社会反响。

（二）活动设计方面

由老师们所辅导的学生参加省市区科幻画比赛、写经典等活动共有1000余人获奖。工作室还受邀担任成都市"老少颂党恩，喜迎二十大——雪山下的公园城市，烟火里的幸福成都"书法评审工作；策划举办"学生个人作品展"30余次；参加"美术文化活动月"、工作坊超市、廉政展等展览4次。工作室创设"以成长促成长""悦读悦享"活动，开展多次线上研讨、实际研讨，极大地锻炼了核心成员的能力，激励了骨干成员与跟修成员的意志。

（三）教育科研方面

工作室市级课题完成结题，区级专项课题通过年终答辩。工作室有10多个小专题在区、市获得一、二等奖；工作室领衔人与成员杨书虎、陈媛、王丽君、周筱萃等在《成功》《少儿美术》《四川教育》等杂志报纸发表作品多篇（件）；工作室成员参加市区论文评选、实践活动案例、四川省高品质发展优秀案例比赛获一等奖8人、二等奖12人；工作室成员参加少儿美术杯课例大赛获得一等奖10人、二等奖8人；书法论文获得市一等奖；领衔人参与省教科院组织的艺术课标意见征集活动；工作室成员参加市熊猫课程、实践活动案例比赛等获一等奖5人、二等奖8人；工作室领衔人出版专著《鸡蛋里面有骨头》；工作室出版专著《育美成华》工作室优秀课例成果集萃一部；工作室领衔人受邀主编《成华书画十年》出版。

（四）技能提升方面

领衔人带领大家苦练技能。领衔人书画作品发表于成都市《群众文艺》，并参加"庆元旦"精品展、"沙河流韵"、"建区三十年"精品展、

"天府高峰"、省区廉政展、成都市第三届教师书画展、成华书画艺术展等展览并入编作品集。领衔人带领大家参加文艺下基层、送文化惠民、天府文化进万家等活动共9次，为群众书写、绘画作品达90多件。领衔人作品受邀参加了"开往春天的地铁"书画展示活动，作品被《美术教育研究》专版推荐。疫情期间，领衔人杨书虎以书画战"疫"，为"大爱同行"、市文联市书协"同心感恩致敬最美抗疫人"等积极捐赠书画作品共5件。

（五）辐射与影响方面

领衔人为国培西藏班、新疆班、教研员培训班、电子科大对口扶贫岑巩美术教师做在线培训，为成都市骨干教师培训班、高新区、简阳市美术教师培训班等开展专题讲座多次，工作室接待了阿坝、珠海等名师考察团到校观摩活动，获得优良效果。领衔人独立承办了中国青少年基金会"希望工程"美术培训班的全部培训工作，为全国50多名美术教师高效地完成了培训工作。领衔人被推荐参加区委宣传部、区融媒体中心推出的《好书推荐》的录制和推广，并被专题报道。工作室获评"成都市名师工作室"，在第五届全国名师工作室学术年会中被评为全国先进名师工作室。领衔人获评第二届"中国好老师"、成华区本土中青年文艺家、天府名师。工作室成员陈媛、刘玉红获评成华区十佳优秀青年教师、成华区十佳优秀班主任，工作室刘晓琴等6位老师获评区学科带头人、市骨干教师、区中心组成员。工作室及领衔人被《中国美术教育》《中国篆刻·书画教育》《课堂内外·中国好老师》专题报道。

五、问题反思

（一）囿于学员分散，教学任务繁重，工学矛盾突出

因为美术教师普遍教学任务繁重，目前再加上延时、社团等课程，一周20多节课是常事，另外还有副班主任甚至班主任工作，所以他们的培训学习时间很有限，自修自练精力也极大受限。

思考：工作室具体活动只能顺应大部分教师的时间来设计，不能很好地照顾到全体成员，尤其是遇到根据时令设计安排的临时性活动，请假人员就会较多。这些都需要利用好学期头尾、大小活动分散与集中、线上线下结合等来统筹思考与安排。

（二）理论研修深度欠缺

我们的实践多于研究，我们的研究受限于自身理论的不足，导致其缺乏深度、上不了高度。

思考：对此，一方面，我们要多"请进来"，借力专家智慧，让专家对我们的理论进行深度引领；另一方面，工作室及成员本身也需要通过阅读不断提升自我修养，内外着力，促进我们的理性素养的提升。

（三）工作室活动经费使用受限

工作室经费到位大多都在下半年之后接近年关，而前期对诸多活动的思考与设计的经费投入让人顾虑重重，因而影响工作活动的设计与开展。同时，经费使用说明中的指向不明，对经费的使用方向也不够明确。这些对工作室及成员的积极性有所影响。

思考：工作室作为一个学习共同体，目的是促进大家共同成长，可以适当给予工作室一定的个性发展空间。

纳百川成就海业，思进取赢得未来

胡晓名师工作室 胡晓

作为成华区胡晓名师工作室的领衔人，从2013年至今，连续三届带领工作室团队，于计算机教学领域刻苦钻研、上下求索，在成都市职教领域取得了可圈可点的成绩。有那么一群志同道合的人，跟你并肩同行，相伴你左右，犹如一切美好不期而遇，天使然也。回顾过往，树立共同的理念和愿景，聚合志同道合的队友，组建有共同信念的团队，使我们一路前行。感谢与我同行的伙伴们，今天，让我们共同走进胡晓名师工作室团队。

一、工作室定位和目标

胡晓名师工作室从成立之初，就本着以教师专业能力建设为核心，以中青年教师培优为重点，努力把工作室成员培养成"拥有先进的教育思想，充满灵性和智慧的教育观念，具有深厚的专业知识，形成良好的专业人格"的一流名师；努力使工作室真正成为培养全市优秀教师的重要发源地、优秀青年教师的集聚地和未来名师的孵化地，开创成华区职教计算机教育教学的新局面，使名师工作室真正成为促进教师专业发展的平台。

工作室成员致力于"提高中职学生职场专业能力"的实践研究，思考在现代信息教育背景下，如何将中等职业教育的计算机专业学科思想与IT行业有效接轨，使培养的学生能更好地为地方经济、区域经济服务，同时培养学生技高艺精的工匠精神和认真做事的职业态度。

二、工作室在职教专业建设方面的工作思路和理念

工作室在"成华区名师工作室领导小组"的领导下开展工作，主要围绕教育教学重点问题进行研究，依靠团队力量，解决学科教学难题，发挥先行研究、交流研讨、示范引领的作用。工作室以网络教研为主要载体，以促进教师专业成长、提高教育教学质量为主线，重点做好培养教师、课题研究、解决学科教学中的疑难问题、示范辐射等工作。

工作室坚持遵循"一条主线、两个基本点、三种模式"的方式进行教学研修。"一条主线"即根据职教专业建设进行科学合理的课程设置；"两个基本点"即教师的专业提升、学生的能力提高；"三种模式"即行动导向项目教学法的运用、现代学徒制的实践、学校和企业的合作。在这种理念的推动下，我们形成了来源于真实工作岗位的系列项目集、有现代学徒制视觉营销平面设计工作室、以四川省华迪科技有限公司和帮麦跨境全球购等知名企业为龙头的校企合作群。一系列科学调研、专业建设、多模式教学实践的科学布局与实施，使计算机专业在成都市具有很好的口碑及竞争实力，使学生升学就业业绩提高。

工作室成员合照

三、工作室成员的选拔

我们致力于职业教育及发展，成员均来自成都市各职业学校中青年计算机专业教师，着力于各学校的计算机专业建设、教学能力提高与实践。为此，我们建立了成员成长档案，制定了行之有效的成员培养目标；从读书、

教学、小专题、科研课题到老带新、青创优等进行了明晰的要求及考核。我们力争在三年内培养出多名名师、优秀骨干教师，辅以有效的成员研修措施。多年来，靠着共同的追求、领衔人的人格魅力及表率作用，到如今成为团队凝聚力强、成员成长效果显著的优秀团体，全部已成为师德优良的教学中坚力量和骨干教师，其中多名成员成长为校级干部、区名师、专业负责人、优秀教师。

四、工作室取得的成果

胡晓老师领衔的名师工作室于2013年5月成立，结合"职教这十年"，取得了丰富的成果。回顾过往，有汗水、有彷徨，但更多的是获得成功后的喜悦和自豪。教育是行动中的美学，十年来，工作室努力营造"专业而愉快"的教研氛围，发挥集体的智慧，凝聚集体的力量，名师引领，团队成长，使工作室成为"研究的平台、成长的阶梯、辐射的中心、科研的阵地"。

常言道："同心才能走得更远，同德才能走得更近。"十年来，领衔人善于用个人的人格魅力影响、感染团队，以满满的正能量，带领团队成员一起前行。工作室教育教学研修中力求做到五精：精准、精确、精细、精致、精到，使工作室团队建设有序有效，成绩显著，使成员均成长为学校的骨干、优秀教师、优秀教育工作者。

胡晓老师是成都市学科带头人、成都市计算机中心组成员、成都职业技术学校计算机软件专业负责人、首届成都市"双师型教师"、全国中小学教师资格证考试考官专家库成员、成都市中小学高级教师职称考评员。同时，获多项国家级行业高级认证：微软、BAP核心能力等国际认证；获"全国核心能力认证项目"优秀教师荣誉称号、多项市区级个人教育教学荣誉奖。

胡晓老师积极做好传帮带及名师辐射工作，以身示范，注重专业建设和工作室建设，带领团队认真研究教学规律、方法，积极进行科研；主研多项国家、省及市区级课题，课题获省市区一、二等奖；主编、参编多本专业规划教材，有十余篇学术及专业论文发表于四川大学学报、《江西科学》等核心专业期刊。同时，长期担任国家省市级学生技能大赛的教学任务，多次获一、二等奖；指导的中青年教师在全国、省、市各级各类教学设计大赛、说课大赛上获一、二等奖。

黄炜老师已成长为成都职业技术学校校长助理、区学科带头人、成都市教科院中职计算机专业中心组副组长、成都市双师型教师、中学高级教师；获全国人社部电子计算机调试工技师、工信部网络认证工程师、高新技术考试办公自动化高级认证、高新技术考试网络管理员证书、四川省国家职业技能考评员（计算机类）认证；获全国创新杯计算机类教师信息化说课大赛二等奖、成都市中职学校教师教学设计一等奖，其论文《在探索中求发展——现代学徒制在我校计算技术平面专业教学中的探索》获省级三等奖；主持省级课题《基于企业文化视角的中职专业实训课程构建研究》；他参与的6个课题获省二、三等奖，市一、二等奖；其作品《行走城市地标传承文化基因》获2021年全国德育校本课程案例中央电教馆示范作品、《荐成都香香巷》获全国德育案例入围作品，参与设计的多本校本课程获省级一等奖、成都市三等奖。

张丽娜老师，是成都市双师型教师、成都市中职计算机专业中心组成员、成都市中高职衔接计算机应用专业教学标准建设专家小组成员、计算机平面专业负责人。她曾获微软办公软件专家级认证、CIW网页制作专家级认证、CEAC网络应用工程师教师认证、全国高新技术图形模块高级认证；获全国中职学生技能大赛动画制作项目优秀指导奖；获成都市百万职工中职教师师带徒课堂教学比赛二等奖；其教育案例被评为全国创新作品，获四川省教育案例二等奖。同时，参与课题《基于现代学徒制的中职学生人才培养模式的实践研究》获省教育研究课题成果二等奖、论文《在中职计算机网络专业教学中开展研究性学习》获全国一等奖、论文《在中职平面设计专业课程中融入思政教育的探索》《基于网站前台综合实训课程的项目设计分析》获成都市二等奖；参编了国家规划教材《计算机动画设计——flashCS4》。

余启平老师，是成都市双师型骨干教师、计算机物联网专业负责人、网络高级应用工程师、四川省国家职业技能考评员、1+X下一代互联网搭建运维技能认证考评员、全美测评ATA评价中心委员会委员、四川省中等职业学校技能大赛"网络布线"赛项裁判。余老师多次获得成都市中高职衔接技能大赛优秀教师指导奖，多次指导学生参加国家级、省级、市级中职学生网络搭建项目技能大赛，并取得优异成绩。

罗红梅、唐成明、钟育勇老师的教学取得优异成绩，在青蓝计划老带青中所带徒弟成长迅速。伊倩、覃艳莲、吴云菲、杨晓雅、袁梦琴、张茜，分别获多项全国、市、区级一、二、三等奖及市优秀指导教师。

五、工作室未来发展规划

结合新职教法，未来我们将在相互交流中催发对中职教育事业的追求，对专业教学的思考，不断认识自我、完善自我、超越自我，幸福工作，阳光生活，快乐成长。

我们将秉承以下目标和措施，引领工作室走向新的未来。

困惑驱动，问题打造

专家引领，拾级而上

行业指导，合作教学

"路曼曼其修远兮，吾将上下而求索"，我们一直在路上……

一片丹心育桃李，弦歌百年沁芳华

江玲—杨国东名师工作室　杨国东

孙中山先生说："惟必有学识，方可担任教育，盖学生之学识，恒视教师以为进退，故教师之责任甚大。"可见，教师的重要性不言而喻。随着改革开放的不断深入，政府越来越重视对教师的培养，但老师的成长规律有其独特性，在成长过程中需要不断磨砺，才能形成独特的专业特质、学术人格。一位名师的长成，除自身的努力外，有一个交流的平台和学习的榜样，也是教师快速成长所必需的，可以缩短教师成长周期，如下图所示。

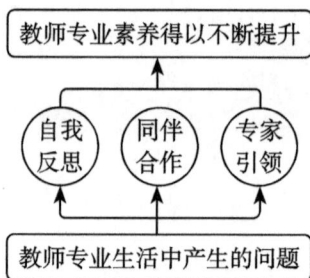

教师成长示意图

2021年，借成华教育的东风，华西中学江玲书记和杨国东老师成立了"江玲—杨国东名师工作室"。根据学员的申请和各学校的推荐，我们筛选了十多位正式学员和一部分入室旁修学员，形成了一个学习交流的阵地、相互促进的平台。

工作室集体照

一、形散魂聚传承教育做好定位

在快节奏的现代教育里，名师工作室既是名师发挥辐射引领作用的重要载体，同时也是培育优秀教师的专业平台；先进的教育理念、明确的工作对象、清晰的工作目标、接地气的研究内容、实用的课题引领，是名师工作室"名"在何处的基本要素。工作室的理念既体现了工作室主持人的思想观念和专业追求，也凝聚了工作室全体成员的核心价值观。工作室理念的确立过程，是统一成员思想，形成共同价值追求的过程，也是工作室建立凝聚力的关键环节。工作室是一个松散式的学习平台，工作室的定位和理念是否深入人心，是工作室活力强弱的重要因素。

（一）工作室的定位及目标

定位：研修的平台、成长的驿站、辐射的中心。

孔子曰："师不必强于弟子，弟子不必不如师。"因为工作的对象是思想、能力在不断变化的青年；名师也需不断学习，才不会落伍，年轻老师也有其独特的活力，教师之间，需相互借鉴、取长补短。故工作室定位于借助内外合力，以"专业引领、互学共进、共同发展"为宗旨，努力成为化学教学改革的研修组织，成为教师发展与成长的工作站和成华区乃至成都市高中化学教育资源的窗口阵地。

工作室围绕成华区名师工作室的总体目标，遵循教师的成长规律，以教育科研为先导，以课堂教学为主阵地，以网络为平台，融实践性、研究性于一体，进行高中化学概念教学的研究与探索，有效地促进本工作室成员的专业成长，力争形成具有更大影响的、具有引领和辐射作用的高中化学骨干教师群体。

（二）领衔人和工作室成员专业成长和专业发展的目标

工作室期望通过三年的努力，能让包括领衔人在内的全体成员在个人修养和业务素质上有很大的提高。

1. 专业技能大幅提高

一个优秀的化学教师，首先，应具有先进的教育教学理念，扎实的专业知识，较强的阅读理解和表达能力，能较好地领悟和解读化学新课程标准，能独立开展化学教育研究活动。其次，能在一定程度开发与整合课程资源，较熟练地掌握现代教育技术，并开展与高中化学相整合的教学实践，促进教学特色的形成。最后，应具有较强的教学实践能力和教学思辨能力，形成具有一定特色的课堂教学风格，切实提高学生的化学学习能力和学业成绩。

2. 初步具备较好的科研水平

成员们应能独立主持区级以上课题研究，形成自己的教育教学研究专长，做出一定的研究成果。同时，能通过对教学实践的理性反思，提炼教学经验，发表具有一定价值的化学教育研究论文，成为区内外知名的化学教师。

3. 情感提升

成员们应有较高的师德修养，热爱化学教学，在区内外化学领域有较好的口碑；在研究过程中能团结合作，互学共进，和谐发展；在学习和研究中，体验职业幸福感。

二、理论与实践相结合成长苦中有乐

俗话说，人在尘世间，不怕多辛苦，只怕白辛苦。工作室的活动是在教师教学之余进行的，这无形中会增加老师们的负担，如果工作室的活动无创新，老师们的积极性很快就会丧失。

（一）市级选单课搭台，工作室唱戏

我们领衔人申请了成都市级选单课，工作室的每位老师都以同课异构的形式进行了展示，每课必评，每课必反思，既提高了老师们的积极性，也提升了选单课的质量。

优美的板书，亲切的沟通——吴敏老师献课

看看上课老师的反思：

冬月时节话数形　点石成金破图像

成都华西中学　吴敏

提到"看图写话"，学生们其实从小就开始训练了；可要说到图像题，却能让大多数同学在高中化学考题中"闻之色变"。不都是图嘛，怎么就那么难呢？如何突破呢？我经过反复思考后，设计了《异曲同工——水溶液中的离子平衡图像复习（第一课时）》。该课着力解决横纵坐标为直接浓度或者间接浓度的图像问题。

我首先展示了图像题在近五年考试中的热门程度：5年14卷10考；接着重点展示其中5张图像中的横纵坐标，并提出问题："这些坐标有什么共同点？"学生们异口同声地回答："都是浓度或者浓度的比值。""非常准确。"在肯定了学生的回答之后，我从浓度的比值——电离平衡常数入手，从数学理解的角度对其进行了新层面的解读。

临近课堂的尾声，我请学生想想这节课的收获。有一个男生主动举手："我觉得这节课最大的收获就是发现了这个特别有用的新公式。"还有其他同学补充道："我觉得对解答这一类题目的思路非常清晰。"我肯定了这两位同学的观点，并用"读、标、理、定"四个字简单概括了解答图像题的一般思路。这也充分体现了"证据推理与模型认知"的学科素养。最后总结道："无论是直线还是曲线，若是充分借助数学工具，都能快速地直击题心，正所谓'异曲同工'是也。"

课后的评课环节，多位老师给我提出了宝贵的意见。我整理后有如下几点需要改进：

（1）由于本次为借班上课，高二的学生毕竟才学完新课，对知识的综合把控能力还有待提高，所以课前需充分把握学情，针对学生的实际学情选择课堂需要重点强调的部分。

（2）教学语言还可更精练准确，个别题目中出现的细节需提前考虑周到。

（3）水溶液中的图像问题博大精深，在有大量题目时横坐标中出现溶液体积的问题类型，还需要进一步地研究。

虽大雪时节，但内心温暖。

我一定认真领悟团队老师们的建议，继续研究，努力提升自己，追求高质量的课堂。

再看看听课老师们的感言：

期待更好的自己

江玲—杨国东名师工作室　陈琰君

2021年11月2日，天气微凉，江玲—杨国东名师工作室第一次碰头会在华西中学火热开展。在这里，有成华区教研员郭斌老师的指导，有江玲书记的鼓舞，有杨国东老师的鞭策，还有昔日人生的不同重要阶段一起奋斗过的战友们的身影，我仿佛来到了心无旁骛的时空里。

原本我一直认为干扰我的外界因素，其实就是另一个我，外界干扰只是我为自身的各种停滞不前提供的借口而已，其实我们应该也完全可以把我们自认为的外界因素与我们的专业发展有机结合，原本认为毫不相干甚至互相矛盾的两件事（例如工作和生活），其实是可以合二为一的，或者说二者本为一体，这就是人生。

在这个团队里，我们有磨课，有上课，有启发，有记录；或许有一天，我能镇定从容地站在公开课的讲台上，能稍有念头就有动笔的冲动和能力。

现在，我已经有了成长的勇气，去挑战职业生涯中最大的缺憾，期待在这个团队里，与优秀的队友一起成长，遇见更好的自己！

再来看看简报：

成都市高中化学菜单课简报

（二）课题引领理论升华

我们以工作室的名义，申请了课题《"三新"背景下的中学化学跨学科创意教学研究》，正准备出一本工作室的成果集《"三新"背景下教材中的跨学科案例分析》，这极大地调动了工作室成员的热情。

老师们正兴高采烈地讨论《跨学科案例模板》

（三）交流送教开阔眼界

我们以工作室的名义，先后到古蔺中学、通江中学等学校交流送教，既进行了教育资源的交流，也开阔了老师们的眼界。

三、硕果累累

在名师工作室平台，领衔人和老师们共同成长。领衔人主研的课题获市级一等奖，在专业刊物上发表文章数篇，领衔人被多所师范大学聘为外聘教师，同时，领衔人被评为科研先进个人，举办市区级讲座、交流十余次。成员们每个人都有收获，有评为市级优秀教师的，有赛课获市区一等奖的，有论文获市一、二等奖的，有获市区成果一、二等奖的，人均每年获奖均在四次以上。

部分获奖证书

总之，工作室立足于教学一线，真实地感知老师们在教育教学中存在的困惑，搭建平台让老师们着手去思考和研究；工作室从学生的终身发展出发，发展学生素养的同时，也提升自身的素养；无论是老师还是学生，甚至名师，成长过程中总有些关键性的人和事在激励着他们成长，给他们搭建平台、提供舞台，压担子、阔眼界；工作室改变不了起点，但可以改变老师们事业的终点。没有完美的个人，只有完美的团队，一个人走得快，一群人走得远，一群有智慧的人走得更远。工作室借助团队的力量，实现伙伴共生，合作共赢；工作室提炼和传播教育思想，不但做好专业领衔人，而且还带好了专业团队，相信我们明天会做得更好。

今日小扣柴扉，明朝春色满园

庄昭燕名师工作室　庄昭燕

万紫千红须幽香为伴，才能芳菲四溢春意盎然。

生命如水，平静与澎湃书写故事。小扣柴扉工作室（第四届）的成立尽管只有短短的一年半的时间，又是在特殊的境况中而成立，但是工作室的所有老师都不忘初心，在小学语文教学中艰辛探索，努力奋斗。在这里借此机会，想分享一下过去的点点感动，滴滴幸福，满满收获。

一、幽香难觅，柴扉始开

根据《成都市成华区教育局关于公布第四届名师名校长工作室领衔人的通知》的相关要求，本着"探索教育规律、促进教师成长、加强学科引领、共享职业幸福"的宗旨，为培养和造就更多的优秀教师，充分发挥名师的示范、引领和辐射作用，加快名师专业成长，小扣柴扉工作室招募了成华区区内10所学校的11名教师，后来在区教育局人事科的安排下又招募了乐至县2位老师加入，工作室一共有14位成员（含领衔人）。面对这样一群来自不同区域、不同学校，热爱小学语文教育的老师们，我们有这样的困惑：

（1）成员参加教育工作的年限不同，在语文学科教育教学活动中都有一定积淀，也有各自的理解和认识，工作室的研修主线应该怎样定位？

（2）工作室的研修怎样和成员的课堂教学、自身已承担的研修任务相契合，助推成员专业素养快速提升？

（3）成员来自不同学校，都有一线教学任务，参与工作室集体研修的时间有差异，怎样确保我们的研修高效？

工作室沿用了前期的名称——小扣柴扉。探索创新语文教育之路上荆棘遍布，可不就如一道道柴扉横在眼前，等待我们去一一叩响。通过大家的研讨，我们决定以基础教育改革和骨干教师专业化发展为目标任务，通过"行动研究"和"培训、实践、研究、反思"等方式，努力使本工作室学员在师德修养、教学科研、示范指导等方面得到进一步的提升，为大家成为研究型、专家型教师奠定基础。

叩响柴扉需要智慧、需要机缘，我们的叩门之行，也需要有更多的人才携手同心。2021年10月小扣柴扉工作室（第四届）正式启动，一群志同道合的老师们开启了研修道路的叩门之旅。

二、千山独行，苦乐相伴

工作室要发展，首先要明确奋斗的方向。画龙也需点睛之笔精妙方能传神，这个奋斗方向就是我们工作室的点睛之笔。还记得大家聚集在李家沱实验小学的会议室里，一群彼此陌生的老师们在交流中逐渐拉近了距离，明确了奋斗的方向。领衔人庄昭燕给大家提出了"八个一"的基本任务：一个三年发展规划、一个小专题研究、一个教学案例、一篇教学论文、一篇教学设计、一篇教学反思、一篇读书心得、一个成长故事。

明确了奋斗方向就要努力前行，而我们的前行离不开专家的悉心指导。因为特殊的原因，工作室采取了线上和线下相结合的方式开展各种培训。2022年3月，教育部颁布了新一轮修订的义务教育课程方案和语文等学科课程标准，工作室立即组织全体成员认真学习新课标，聆听了北师大吴欣歆教授对新课标的解读，组织大家通过网络学习著名特级教师薛发根的《培养有见识的阅读者与负责任的表达者》，同时组织老师们通过网络进入名师课堂，聆听大师的语文教学艺术，写下自己的学习心得，所有老师都受益匪浅；聘请区内区外等各级专家为老师们开设专题讲座，从教育哲理、教学研究等各方面对老师进行培训，在培训中大家收获了很多。在专家的引领下，我们一步步走得更快更稳……

教师的发展离不开课堂教学的实践，我们采用同课异构的活动方式，聚集课堂，研磨教法，集体共勉，将教师的创造性激发出来，不断更新教学理念，在共享与智慧中，促使自身专业化水平长足发展。《雷雨》的课堂上，鲁芸凤老师精彩的教学设计，精准的教学语言，精妙的教学评价让大家回味无穷；而曹龄予老师从大处着手关注学生的长远发展，又让大家茅塞顿开……《古诗三首》的课堂上吴怡老师紧扣文本，引导学生主动讨论，从诗意的理解到诗句的背诵再到书写，层层递进，使全员参与其中；而张玮老师大胆尝试，把时间和空间还给学生，让学生在流畅的教学中探索研究，加深对古诗的理解，让我们体验到了返璞归真的课堂……成华区第四届群文赛课的课堂上，唐娜老师以任务为驱动，让学生在猜想、验证、对比中探索小小标题的大学问，让学生于"小"中见真知，于"小"中明智慧。工作室老师和唐娜老师从确定课题开始，一起研读课标和教材，集思广益，认真参与听课和评课活动，群文赛课决赛特等奖的奖状是对唐娜老师最大的肯定……在同伴互助的路上，孩子们在成长，我们工作室的老师也在一路成长……

　　立足于课堂研究，我们发现了许多问题，思虑渐渐走入瓶颈。此时，教师的自我充实——读书，成了我们寻求新出路的一个重要项目。教师之道，自来就有所谓"给学生一杯水，老师要有一桶水"的说法。但"问渠哪得清如许，为有源头活水来"，老师手中绝对不能只有一桶净水，我们要把自己的眼光放开放远，我们要成为泉眼，才能育养出学生的涓涓细流。我们把书，把文章，把思想与人分享；我们一起读一本书，一起写读书笔记，一篇篇精彩的文字容纳了所有工作室成员的思考；我们定期举办读书分享会，你一言，我一语，和自己亲密的队员分享着自己的阅读收获……读书是快乐的，是幸福的，厚厚一摞作品记录了我们成长的日日夜夜，我们在文字中吸取力量，充实灵魂。由此，我们的课堂、科研，变得灵动丰富，哪怕荆棘之路，难扣之门，也变得轻松许多。

　　尽管只有短短的一年半时间，工作室的老师们仍然收获满满：唐娜老师、孙雨茜老师荣获"成华区优秀青年教师"称号；张玮老师荣获"成华区教坛新秀"称号；吴怡老师荣获"成华区优秀班主任"称号；彭兰莹老师荣获"乐至县先进个人"称号……李平老师参加第八届班主任技能大赛，她的主题班会课、教育案例、综合评比均获一等奖；张玮老师、唐娜老师参加成华区第四届小学语文群文赛课，分别获得说课一等奖和决赛特等奖；曹龄予荣获班主任教师心理技能大赛二等奖；蒲炉炉荣获成华区少先队活动课说课比赛一等奖……唐素华老师的课例《芦花鞋》被评为资阳市优秀课例；曹龄予老师、鲁芸凤老师获得成都市小学德育优秀成果三等奖；张玮老师的校园影视作品荣获四川省"教学微视频"一等奖……蒲炉炉老师、曹龄予老师分别获得成都市基础教育课程改革优秀论文一等奖和三等奖；刘亚丽老师的论文《"双减"背景下小学语文的"减"与"增"》在核心期刊《教育科学论坛》上发表……

三、教育不息，求索不止

漫漫语文教学探索之路，我们已然叩响许多柴扉，获得了成功的喜悦和幸福，工作室已经从当初的小样脱胎换骨到今天的初具模样了。但是，荆棘仍挡去路，未响之门尚在远方，这些困难和挑战无一不是激励着我们前行的动力，我们要为自己的未来提出更高的要求，为自己拟订更为严苛的提升计划；我们需要更为广阔的平台，走到更远的地方，获得更多的前线课堂来寻找研究的灵感；我们需要在已有活动的基础上加深它们的影响力，加深我们工作室老师的影响力，让我们的足迹影响更多的学校、更多的老师，为全区语文教学提供更积极的助力。这些问题，需要有区教育局、区教科院领导们的大力支持，需要有我们的同行给予新的意见和建议。我们满怀期待，今日小扣柴扉，明朝春色满园。

回首来路漫漫，矢志不改初心

兰天名师工作室　冯飞　刘永好　杨尚霖

一、工作室理念

工作室以提高骨干体育教师培训质量和效益为核心，以教育教学实践为主渠道，围绕本工作室教师队伍建设目标，求真务实，开拓创新，为提升教师专业水平搭建教科研平台，提供专业成长和发展的空间，切实做好教师培养工作，解决小学篮球项目中教学、训练难题，发挥先行研究、交流研讨、示范引领的作用，重点做好教学训练实践、教师培养、示范辐射、资源建设等工作，使名师工作室真正成为促进教师专业发展的平台。

二、工作室定位

（一）教育生命共同体

名师工作室是教师发展的共同体，这个团队在领衔人教学主张的旗帜下，方向一致，分工合作，形象共塑，研究教育中的各种问题，探讨教育的路径。在工作室这个"大家庭"中，大家把每个人从一种"我"的集合体改造成为集体的"我们"，共同创造教育的美好未来。

（二）教师专业发展平台

教师专业发展有自主的平台，有行政的平台，而名师工作室是一群人在一起，互相支撑，互相促进，抱团进步，共生共长，这为追求进步的教师专业发展提供了一个新的平台。

（三）教学产品研究所

名师工作室由名师领衔并组成，是教师中的研究者的团队，需要有研究成果。团队成员就教学风格、教育教学重要问题、教育教学热点难点进行研发，服务于基层一线的教育教学。

（四）教学示范引领辐射场

名师工作室在一所学校、一个区域会起到影响和带动作用，促进学校和区域良好教育生态的形成。名师工作室每次活动都向周边学校辐射，不断地向人们传达活动和成果的信息。工作室所形成的优质教育资源会引领教育的改革和发展。

三、工作室目标

（一）总目标

通过三年的努力，全体工作室成员要实现专业综合素质全面提高、教学风格特征稳定清晰、同行中影响力明显提升、带动一批年轻教师成长的总目标。

1. 团队发展创新

工作室通过培养计划的实施，有效促进培养对象的专业成长，力争在一个工作周期内使工作室成员在师德规范上出榜样，课堂教学上出精品，训练上出成果，实现工作室成员的专业成长和专业化发展。

2. 课题研究活动

工作室在实践中总结教育教学经验，瞄准新课程实施和教学改革前沿，探寻教研教改的新思路、新方法，并确定具有实用价值的科研课题，并以此为研究方向，在实践中探索，带领本工作室成员开展有效的教育教学科研活动。

3. 带头示范作用

引领体育学科建设。工作室以同课异构、教材研读、讲座、论坛、公开教学、主题教研、现场指导等形式，有目的、有计划、有步骤地开展教学研究与展示活动，传播先进的教育教学理念和教学方法，帮助本学科教师解决教与学过程中遇到的问题，充分发挥名师的带头、示范、辐射作用，从而形成名优群体效应，实现优质教育资源的共享。

4. 交流平台创建

工作室开辟线上工作群、微信公众号，及时传递工作室成员之间的学习成果，交流"工作室"研究成果，建立"小学篮球项目骨干教师专业发展研究"教育教学资源库，使公众号成为本学科教学动态工作站、成果辐射源和资源生成站。

5. 研究成果呈现

工作室教育教学、教科研等成果以精品课堂教学实录、个案集（含教学设计、课件、教学评析）、论文、竞赛成绩报告等形式呈现。

（二）具体目标

1. 第一阶段：2021年5月—2022年5月

各成员根据自身基础和发展潜力，制定个人三年发展规划，明确自身发展目标，并进行合理分解；工作室以公开教学、组织研讨、现场指导、专题研究、课题研究等形式广泛开展活动，营造成员之间相互学习、交流、研究、合作的良好环境，促使成员自身专业能力较以前有一定程度的提高。

成立工作室领导小组：

工作室导师由成都市二仙桥学校体育教师兰天担任。

工作室研修员的构成及分工：

成都市二仙桥学校	黄军（组长）
成都市万汇学校	洪强（副组长）
成都市二仙桥学校	李科（负责协同联络）
成都市二仙桥学校	张海山、杨尚霖（负责网络公众号管理）
成都市海滨小学	冯飞、万中明（负责宣传报道）
成都市蓉城小学	冯桂（负责宣传报道）
成都市理工大学附属小学	邓德森（负责协同联络）
成都市石室小学	王井龙（负责会议纪要）
成都市二仙桥学校	刘永好（负责会议纪要）

2. 第二阶段：2022年5月—2023年5月

成员在区市级教学专项活动中获奖，指导、带队在区市级篮球竞赛中获奖；建立起工作室成员学科教育教学活动资源库；各成员有明确的校园篮球项目专题思考，并有一定的研究成果，并以论文、网络传播等形式向同行发挥辐射、示范作用，显现成果，形成一定影响，打造工作室的特色和品牌。

3. 第三阶段：2023年5月—2024年5月

不同基础的成员，实现不同跨度的发展，努力培养出几名区市级小学篮球优秀教练员、区市级体育教坛新秀、区市级体育骨干教师。同时，全面总结和整理工作室的研究成果和经验，为区域内学校篮球特色发展提供参谋和决策依据。

四、工作室研修模式

（一）注重机制建设

为保证名师工作室各项活动的顺利开展和三年规划的稳步推进，工作室将制定成员工作制度和各类活动考勤制度，建立学员成长档案。通过网络交流的方式加强交流与信息的发布，以便工作室及时调整和改进工作方案等。

（二）加强管理效能

工作室实行导师领导下的运行机制，各成员之间做到信息畅通、工作有序、活动高效，工作室成员每学期进行自我工作总结，工作室通过建立各学员每年成长的电子档案，提高对学员的管理效能。

（三）拓展外校资源

在最大限度地发挥自身优势，尽力挖掘潜力用好资源的同时，工作室将借势借力，开拓外校有益资源，建立与知名学校的联系，拓宽学员学习渠道和施展才华的空间。

五、工作室成效及成员成长

（一）工作室组织课题研讨活动

2022年1月8日工作室邀请四川师范大学体育学院罗建平副教授对成都市二仙桥学校体育教研组开展培训——中小学学生篮球训练方法。通过此次观摩和研讨活动，教研组成员对篮球指导工作有了更进一步的了解和认识，提高了工作室成员篮球指导能力和水平。成员在今后的小学篮球训练中，将用专业的知识去引导、带领学生全面提升。

（二）交流平台创建

为进一步提升工作室成员对中小学体育教育教学质量，聚焦教育改革，加强区域辐射引领作用，2022年2月5—6日，成华区兰天（小学篮球）名师工作室及成员在金堂县金沙小学开展了以"大单元背景下提升体育课堂教学质量的实践探索"为主题的联盟教研活动。此次活动有幸邀请到了成都市体育教研员罗亚和作为专家进行指导。同时，成都市第一联盟的专职教研员、联盟中心组成员、骨干教师尹玉华、朱建行名师工作室领衔人及成员近百人现场参与了为期两天的共研共学活动。

（三）研究成果呈现

从2021年5月至今，兰天名师领衔区域体育中心组及名师工作室成员结合成华区小学篮球发展实际情况，梳理并制定《成华区小学篮球技能评定指南（试行）》。

（四）团队发展创新

为深化体教融合，全面落实"教会、勤练、常赛"的学校体育工作要求，引导广大青少年积极参加体育锻炼，培养青少年专项运动技能，促进青少年身心健康全面发展，根据《"爱成都·迎大运"2022年成华区青少年（学生）运动会竞赛规程总则》的要求，区教育局、文体旅局举行区级篮球比赛，兰天老师组织工作室成员带队参赛。

2022年工作室团队带队比赛获奖情况：

2022年成华区青少年（学生）运动会篮球比赛团体一等奖；

2022年成华区青少年（学生）运动会篮球比赛初中女子组第一名；

2022年成华区青少年（学生）运动会篮球比赛初中男子组第六名；

2022年成华区青少年（学生）运动会篮球比赛小学男子甲组第三名；

2022年成华区青少年（学生）运动会篮球比赛小学男子乙组第四名；

2022年成华区青少年（学生）运动会篮球比赛小学女子乙组第五名。

六、工作室成长过程中遇到的问题与反思

（一）名师工作室建设目标和实际完成情况存在差异

工作室成立后，相继制定了本工作室的建设方案。建设方案中包括工作目标、工作室主要工作任务、工作室团队具备的优势、完成工作任务的主要做法、工作室的预期成果及呈现方式等。但在实际运行过程中，由于成员们忙于工作等原因，校内外工作室成员之间也缺乏有效的沟通，不能形成有效的沟通机制，造成工作室设定的预期目标完成得不够理想。

（二）加强工作室教研活动开展，促进工作室成员之间有效沟通

新时代对教师有了更高的要求，不论是在教育学生方面，还是在教研活动的开展方面，都要求教师有扎实的理论功底和崇高的职业素养。名师工作室要发挥名师的作用，除了借助网络平台以外，还要定期召集工作室成员进行集体研讨、交流，成员之间要共享好的思想，共同提升，共同进步。

读行结合，以知践行

李蓓名师工作室　李蓓

这是一群志同道合、热爱专业的学习者，这是一批富有情怀、肩负使命的育人者，面对新时代立德树人的教育使命，面对中学历史课程改革日益深化的现实，我们当如何应对挑战？

中学历史教育的终极目标是培养人，要把学生培养成为知识丰富、思想深刻、品格正直、心灵自由的人，助力学生的成长是中学历史学科最不能辜负的历史使命。新时代的历史教师既是经师，更是人师。历史教师不仅应具备传统史家所追求的史才、史识与史德，也应在自己所学所思基础之上发展一种对国家、社会的关切与使命，以正确的世界观和价值观培育学生，引导他们观察、探究、思考和反省，由此渐入自觉、自主和自由的生命历程。如钱穆先生所言：史才——研究历史的能力，"贵能分析，又贵能综合"；史识——认识历史的眼界与见识，"能见其全，能见其大，能见其远，能见其深，能见人所不见处"；史德——从历史中得来的心智、修养，"不抱偏见，不作武断，不凭主观，不求速达"。

由此，我们工作室深知，作为中学历史教师，对历史学识、方法、能力的研习需要扎扎实实的跬步积淀，对历史的观念、情怀、境界的感悟需要在深入品读与广泛涉猎中自然生成。问道于书本，求学于路途。读行结合的专业素养养成方式，正是我们提升专业素养的重要方式。"读万卷书"和"行万里路"都是对世界的阅读，我们通过阅读获得经验，形成智识，并内化为自我生命的一部分，再将之传递给学生，以教师自我的全面发展，促进学生全面的发展。

一、丰厚阅读，问道于书本

历史学是史料学，浩如烟海的史料决定了历史教师必须以大量阅读为基础，教师的阅读史就是其专业成长史。阅读，是历史教师最好的修炼。

（一）专业阅读，厚学科之根基

为了解人类社会发展的规律，寻求当今社会问题的渊源，探究曾经鲜活的生命，找寻人类精神家园，历史专业的人所读书籍应当深、广、博、全，对史部、书籍、学者专著均应遍览，并择其重点精读。

当然，面对浩如烟海的历史著作，作为一线教师，时间、精力有限，则可进行有一定指向性的专业阅读。教育部统一组织编写的义务教育历史教材于2017年启用，高中历史教材于2019年开始于部分省份使用，在四川于2022年秋投入使用。无论是高中还是初中，和"一纲多本"的旧教材相比，新的统编教材导向鲜明，以落实立德树人为根本任务，编写团队由政治立场坚定、学术造诣精深的知名专家、优秀教研员和一线教师组成。学术研究新成果在新教材中大量被采用。因此，更新观念、优化知识结构成为我们的必修课。囿于时间与精力，我们工作室选取的突破口是统编教材作者的著作，这既能深化我们对教材的理解，又能使我们在繁重工作之余的有限时间内完成必需的阅读，再逐渐拓展。在此基础上，我们分别在工作室内部、所在学校教研组、市区教研活动中分享交流。

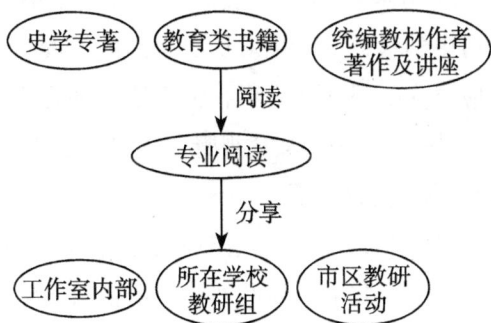

专业阅读示意图

李蓓老师在成都市选单培训分享读书经验

李蓓老师在四川省教科院教研活动中交流《一线教师的史学阅读》

（二）跨界阅读，拓文化之视野

历史还是一门包罗万象的学科，政治、经济、军事、科学、思想、文化，无一不涵盖在历史学科的范畴中。历史教师的阅读不仅应"不积跬步，无以至千里"，还应"片纸只字皆史料，天下诸事都可研"。历史教师要厚积薄发，以广博的知识积累，拓展文化视野，积淀深厚学养。

（三）无用之读，入无穷之境界

历史教师深厚学养的形成，不应只作功利性阅读，只读"有用之书"。还应广泛阅读，读"无用"之书，随心而读，由自然而然阅读的积淀，提升自身深厚学养。

二、自在行走，求知于旅途

行万里路，与读万卷书同样重要。我们工作室教师利用节假日，或寻幽访古，或送教到乡，既获得知识，也传播知识。

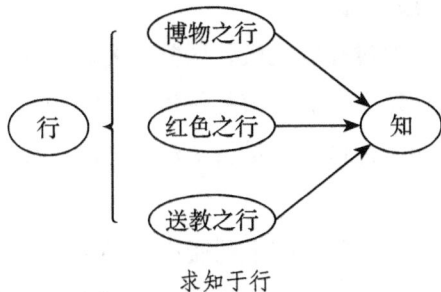

求知于行

（一）博物之行，见文明精粹

博物馆，凝结了人类文明进程的恢宏殿堂，是人类文化传承的重要载体。博物馆收藏的文物，以客观存在的历史遗存，让我们亲眼得见古人的生活、生产、思想、情感等方方面面，是人类世代集结的智慧和文明穿越时空与我们的相遇。只有主动地去了解、认知与探索，我们才能穿越时空的界限，让文物不再沉默，让其开口讲述过往的历史变迁和灿烂文明。

工作室开发的馆校教材《博物馆里的"蜀人蜀事"》

（二）红色之行，循先烈足迹

党的二十大提出"推动理想信念教育常态化制度化，持续抓好党史、新中国史、改革开放史、社会主义发展史宣传教育，引导人民知史爱党、知史爱国，不断坚定中国特色社会主义共同理想"。党和国家高度重视"四史"教育，对新时代的中学历史教育提出了更高的要求。而四川地区，红色教育资源异常丰富，尤其是红军长征在四川留下了众多历史遗迹。工作室教师利用回老家或假期旅游的时机，追寻着先辈的足迹，造访了众多红色遗址，为对学生进行"四史"教育，立德树人，积累了大量素材。

（三）送教之行，播交流种子

工作室成立以来，通过在线交流、课堂研究、专家引领、教学研讨等形式，对历史教学进行有意义、有价值的探索，获得了不少成果；又通过多种途径，与乡村学校、四大片区学校进行交流，送教到校，在互帮互学中，获得真知，共同进步。

读书是纸上的旅行，旅行是路上的阅读，都是以丰厚的历史文化资源来构建教师的精神世界。工作室成立以来，读行结合，不断丰厚自身学养，并以历史教学中有价值的问题为研究和学习方向，开展系列活动，转变了工作室教师的学习方式、教学方式，一定程度上也改变了老师们的理论缺位和视野局限的问题。

未来的日子，读和行，我们仍将在路上！

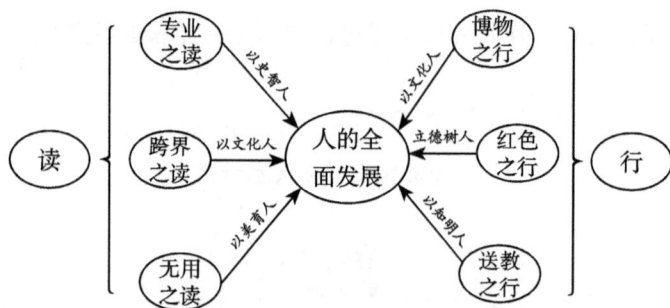

"读行结合，以知践行"工作室建设方案

顶天立地做研究，掷地有声见成长

李建荣名师工作室　唐天

一、明方向，定位明确谋发展

成华区第四届李建荣名师工作室在领衔人李建荣的带领下，坚持以先进教育理念为先导，以提升教师专业能力和专业品质为重点，以课堂为主阵地，实施线上线下相结合的工作室活动路径，融科学性、实践性、研究性于一体，聚焦小学语文课堂教学深度研究，努力使工作室成为成员研究的平台、成长的阶梯、辐射的中心。

（一）指导思想

不忘初心，锚定成长；优势互补，资源共享；聚焦课堂，合作攻关；实干创新，专业发展；奉献小我，服务成华。

（二）工作方向

抓住语文教学重头戏——阅读部分，开展个性化、深层次的教学及研究。

（三）工作目标

1. 开展《核心素养视野下小学中段群文阅读教学策略研究》后续研究及结题工作

（1）能加强教师对群文阅读内涵及语文核心素养的认知。

（2）能结合小学语文中段教材中各单元要素，巧定群文阅读议题。

（3）能围绕议题，合理组合文本，形成小学语文中段群文阅读读本。

（4）能构建小学中段群文阅读教学的多元化课堂策略。

（5）能形成促进教师和小学中段学生发展的群文阅读评价系列。

（6）能按预期开展国家级课题子课题《核心素养视野下的小学语文中段群文阅读教学策略研究》，并顺利结题。

121

2. 启动《指向单元语文要素的阅读文本课时学习目标的精准制定》及课堂教学实施研究

（1）学习《义务教育课程方案》、《义务教育语文课程标准》（2022年版），准确把握纲领性文件的精神，积极投身"双新"指导下的语文教学研究。

（2）能以核心素养为导向，以大单元整体推进为策略，紧扣单元语文要素，精准研制出一至六年级上下册"课时学习目标"，实现语文教学研究既"顶天"，又"立地"。

（3）能结合"课时学习目标"，开展与时俱进的课堂教学实践活动，做到会思考，也会行动。

（4）能积极开展《学历案》研究，用语文教学观念变革语文课堂教学行为，努力探索"用教材教"的目标、路径、策略、方法，实现"教课文"向"教语文"的真实转变，促进工作室成员快速成长。

二、逐光行，脚踏实地促成长

工作室成员在李建荣老师的带领下，采取了多元、高效的研修模式，大家认真负责地对待每一次研修活动，斗志昂扬，意气风发，在追求名师高素质的路径与教学专业化历练的道路上行而不辍，履践致远。

（一）多元化研修模式

1. "1+N+X"课题研修模式

"1"代表一个领衔人，"N"代表参与课题研究的成员数，"X"则是各课题研究成员影响、辐射到的若干人数。工作室全体成员加入而形成的壮大队伍，能保障课题研究有力推进。

2. "四定"牵引分组研修模式

分解定时、定点、定人员、定内容的研究任务。各小组组长负责按计划推进阶段项目，各组员完成相应的任务，充分调动每个人、每个组的研究积极性，保障研修活动深入推进。

3. "双组"并行推进研修模式

首先，是将李建荣老师带领的市区两级三届名师工作室成员45人分成人数基本相等的四个常规性活动小组。每次活动以组长、副组长牵头，组员跟进，涉及活动方案和流程制定、过程性资料收集与整理、照相、撰写《简报》、编辑公众号等内容。其次，是根据"课时学习目标"制定的实际需要，打乱原定的四个组，再以一至六年级为新的分组原则，以个体执教的实际年级为依托，组成了人数不等的集中任务研修组。集中任务研修组主要分两个阶段开展工作，一是目标制定阶段，主要利用寒暑假，采取在线方式，反复多次进行深度研究；二是目标落地阶段，也就是将制定的课时学习目标付诸课堂教学实践。各年级组独立开展课堂教学研究活动，其他各组可派组员参加观摩。

4."线上""线下"互补研修模式

在疫情形势下，工作室打破时空界限，形成定期与不定期、线上与线下相结合培训、交流模式，保障研修活动有效推进。

（二）多维度强"变"促"变"

1. 以结促变

工作室成员协调分工，全力推进国家级课题子课题《核心素养视野下的小学中段群文阅读教学策略研究》顺利结题与成果申报。

2. 以研促变

工作室以课题研究为引领，启动对"大单元教学整体推进"和《学历案》的研究工作，促进"双新"（2022年版）新要求稳健落地。

3. 以读促变

工作室坚持"一月一约读"读书交流活动。每个学习小组轮流交流阅读心得，取长补短，实现优势互补。

4. 以写促变

读和写是语文老师需要牢牢掌握的重要能力，工作室成员从教育的视角审视教学和生活中的问题，深入思考和研究，力求做到每个成员一学期完成一篇高质量的教育教学文章。

三、迎风开，满载而归结硕果

山有峰顶，海有彼岸，李建荣名师工作室在追求教师专业发展的道路上不懈努力，负重前行，精诚合作，攻克了多个理论与实践难题。成员逐渐实现由新手型教师到胜任型教师，再到专业型教师的转变，成员们一年多时间产生的变化令人欣慰。

（一）团队研修成效

1. 理论提升，内涵发展

在理论方面，工作室坚持专业阅读与拓展阅读相结合，专业阅读以提升专业素养，拓展阅读以拓宽视野，宽厚积淀；坚持个人阅读与团队交流相结合，个人阅读重在独立思考，团队交流重在分享、集智，实现了成员理论素养的提升。在发表文章方面，成员廖燕梅发表文章共3篇，张雪共2篇，赵蓉蓉、杨柳、易霜、高静各1篇，可谓成果不菲。

2. 厘清目标，精准赋能

聚焦课堂教学，研究教学问题，工作室成员在认真学习《课程方案》《课程标准》的前提下，紧抓单元语文要素，明确制定出一至六年级上下册全部阅读文本的"课时学习目标"，实现了制定学习目标的"五个视角"（语文视角、编写视角、学生视角、主标视角、个性视角）的同频共振，厘清了学习目标为什么需要"精准"的现实认知问题，破解了如何实现"精准"的实际操作问题。

3. 课题助力，共研促长

工作室成功申报四川省教科院承担的"全国教育科学'十三五'规划课题《基于大规模推广的群文阅读理论与实践深化研究》四川省教育科学研究院核批第二批子课题——《核心素养视野下的小学中段群文阅读教学策略研究》"。工作室通过两年多的努力探索与研究，在议题选择、读本编辑、课堂教学策略投放、学习效果检测等多维度，均取得了圆满结果。

4. 落地开花，收获满满

一年多来，工作室集中开展各种活动共21次，有效地促进了成员们在各自不同的研究、实践领域全面开花，取得了不俗的成绩。1人获成都市教育科研课题阶段评审一等奖；2人分获成华区第四届小学语文群文阅读赛课特等奖和一等奖；1人获四川省杨丽名师鼎兴工作室"创享语文"之群文阅读设计及说课评比一等奖；1人获成华区优秀班主任、成华区教坛新秀、成华区教育科研先进个人称号。

（二）成员个体成长

1. 了解群文阅读及大单元整体教学的内涵，内化了专业知识

在群文阅读研究过程中，为了选择合适的文本，我们需要摆脱对教材的依赖去博览群书，并运用多种方法、从多个途径对文本进行解读。大单元

整体教学也是一个较新颖的策略，需要教师全面深入地进行了解。在此过程中，教师学习掌握了众多关键的理论基础知识，夯实了语文教师的专业基础，并内化其专业知识，同时帮助教师获取一系列有效的、可以操作的教学方法。

2. 激发了主动研究的意识，形成了专业自觉

我们在进行群文阅读教学和大单元整体教学时，对教参的依赖度会减弱。群文阅读教学需要教师自行确定议题，并思考如何围绕议题组织课堂。大单元整体教学需要教师在把握单元语文要素的基础上，整合文本信息，根据"讲—扶—放"的策略对单元整体进行设计。在这个过程中，教师的研究意识被激发，同时为教师开展研究提供路径，最终助推教师成为一名研究者。

3. 引发了主动反思的意识，促进了自主专业成长

反思是教师专业发展的重要方式，群文阅读作为一种生成取向的教学活动，充满开放性和多元化。这种特点推动了语文教师在整个教学活动过程中进行教学反思，从而促进自身专业成长。

4. 引领教研共同体的形成，进行专业赋能

在群文阅读中，"议题""选文""教学设计"等均具有不确定性；在研制"课时学习目标"时，没有范例可以提供参考借鉴，因此，教师需要与教研人员进行深入探讨。在研究过程中，教师与其他教研人员形成了教研共同体，获取了间接经验，同时为教师的发展提供情感和社会支持，进而帮助教师理解其教学行为。

心存希冀，追光而遇；目有繁星，沐光而行。每寸时光里，都储存着李建荣名师工作室团队研修的痕迹。春风浩荡开胜景，扬帆破浪正当时，相信在李建荣老师的引领帮助下，工作室定能砥砺深耕，笃行致远，到达期待的目的地。

"理"遇问题寻本质，"卷"入研习共成长

李娟名师工作室　李娟　崔颖超　文筱涵

依据成都市成华区教育局《成华区名师名校（园）长工作室建设及管理办法》，基于对数学教育教学工作的热爱，本着对教师和学生成长负责的态度，2021年12月成都市成华区李娟名师工作室正式成立。不啻微芒，造炬成阳。工作室希望依托该平台，在探索小学数学教育教学中的核心问题、热点话题、困惑难题的同时，努力发挥工作室引领示范、研修交流、共话提升的先锋护航作用。知之愈明，则行之愈笃；行之愈笃，则知之益明。我们将从以下方面梳理分享李娟名师工作室的建设案例。

一、仰望星空定基调

（一）理念

工作室理念是"'理'遇问题寻本质，'卷'入研习共成长"。一是"理"遇问题寻本质。李娟名师工作室成员，年龄结构比较年轻，平均年龄29岁；教学时间短，平均教龄7年。基于这一现状，我们希望逐步梳理教师成长路上遇到的各种问题，共同寻找教学本质，在汲取知识营养提升自我的同时，回归教育本真，守护学生成长。二是"卷"入研习共成长。工作室全体教师作为成长共同体，我们希望从领衔人到成员教师都积极"卷入"各项研究学习，实现共同成长。

（二）定位

李娟名师工作室是一个借助名师工作室为载体，采取"名优引导，共同研习"的策略，以"名师示范、专业引领、敢于探索、勇于创新、携同进步"为宗旨，来组织名师工作室成员开展教育教学改革和教育科研工作。工作室坚持

理论学习先行、探索实践同行、创新研究敢行，以"师生成长向课堂要质量"为主攻目标，以课堂为教育教学主阵地，努力尝试搭建一个融合专业式、互助式、科研式、实践式、创新式、成长式、辐射式为一体的名师工作室。

（三）目标

工作室目标是"奋斗，遇见更好的自己"。李娟名师工作室沿着成都市成华区名师工作室建设的目标方向，在欣赏教师个性及普及优秀共性的基础上，尊重不同教师的成长期，在通往优秀教师和卓越教师的成长道路上采取有效的培养措施，推动名师工作室成员的专业成长。预期把工作室成员培养成专业素养先进、专业技能过硬、专业系统成熟的小学数学骨干教师群体。希望全体成员依托工作室平台，奋勇拼搏，遇见更好的自己。

二、脚踏实地谋发展

（一）研修模式

工作室的关键点在于激发共同体成员的内驱力，主动"卷入"工作室各项研修活动，陪伴共同体成员养成形成性目标，促进成员教师可持续成长；着力点在于建立机制、激发内驱、指引方向、提供条件、营造环境、搭建平台，本着尊重个性、发展共性、有机融合的研修方向，帮助成员在学习和实践中不断成长。

1. 计划先行

工作室成员要基于个人成长的经历和经验，制定出符合本人现阶段发展的成长关键词，设定符合现阶段发展的可行目标。

2. 理论支撑

工作室领衔人先结合成员的情况和实时热点，确定需要推荐的工作室年度必读书籍和选读书籍。然后每位成员再依据自己的情况制定读书目标，并形成年度读书心得，发表在工作室微信公众号平台。

3. 专家引路

工作室定期邀请专家到工作室举办紧跟时事的专题讲座。

4. 数字支架

工作室通过QQ群在线互动，借助微信公众号平台分享工作室活动及成员成果，依托成华区智慧教育云平台共享工作室各类课程资源，有效地使工作室成为动态的云端补给站、成果分享点和资源生成站。

5. 研讨交流

工作室加强教育教学交流，定期集中开展课堂教学实践研讨活动，同时就读书心得、教学反思、教育感悟等举办沙龙研讨活动。

6. 专题研修

工作室定期集中就各自对当前小学数学教育教学中的核心问题、热点话题、困惑难题进行课例研讨、评课沙龙等活动，形成一些解决问题的策略和方法。

7. 教学实践

工作室组织开展工作室成员研讨课、交流课等活动。

8. 课题研究

工作室成员要积极参加工作室确定的科研课题以及延伸子课题，做好课题的计划与研究过程的记录、整理、反思、总结、交流等工作。工作室领衔人与指导专家走进工作室成员的课堂教学中，并针对其课堂教学中的问题进行深入研讨与指导；定期跟踪工作室成员课题实施进度，检查其阶段性成果，汇编成员的课题研究成果。

9. 工作反思

成员养成复盘反思的习惯，认真撰写反思日记和教育教学论文。

10. 评价措施

工作室在管理模式上采取对工作室成员建立成长档案袋的管理制度。

（二）成效

自工作室成立以来，创造性地开展各项工作，搭建了一个提高学习、探讨交流、开放务实和全面发展的综合平台，使全体成员通过学习、交流、讨论，在理论水平、数学素养、课堂实践等教育教学的综合能力和教师专业发展方面有了显著进步。工作室成员积极参加各级各类培训，主动参与到各级各类比赛中，并取得了一定成绩。

李娟，受邀参与2022年成都市第十八届小学数学青年教师课堂教学观摩活动做评审专家；代表学校作区联盟校总结汇报；指导青年教师赛课并获区优秀指导教师奖；撰写的教育评价结果应用论文获市三等奖、区一等奖等。

崔颖超，荣获成华区教坛新秀荣誉称号；荣获成华区新教师技能赛特等奖；荣获成华区论文一等奖；荣获成华区小专题二等奖；荣获成华区智慧教育优秀空间二等奖等；荣获成华区优秀自制教具二等奖等。

陶启敏，荣获成华区新教师技能赛一等奖；荣获成华区小专题一等奖；

荣获成华区论文一等奖、三等奖等。

刘力源，荣获成华区新教师赛课一等奖；荣获市青年专项课题三等奖等。

刘姝，荣获成华区安全教育优质课评选一等奖。

周雪，荣获成华教坛新秀荣誉称号。

三、踔厉奋发立新篇

（一）反思与困惑

（1）因工作室成员来自不同学校，存在时间和空间不同步等现实问题，导致工作室成员之间随时交流的机会少，工作室"成长共同体意识"还需增强。

（2）工作室考评制度不够完善。虽然考核制度有明确的考核指标和评分细则，但对成员的激励度不够。

（3）在各个层次的学校和学生的研究方面，缺乏教学及教研的衔接，使教学教研成果在面向学生、惠及学生方面还有所欠缺。

（4）名师工作室之间交流不够，基于成员偏年轻的现状，李娟名师工作室需有更多向其他工作室学习的机会。

（二）坚守与革新

1. 深耕"本质区"，强化团体意识

李娟名师工作室的每个人都肩负着重要的职责和任务，从领衔人到全员共同组成"成长共同体"。在完善管理制度的前提下，工作室需要深耕现有认知，重视培养全体成员对工作室的认同感和归属感，提高成员们寓研于乐的幸福感。

2. 走出"舒适圈"，革新考核评价方式

不能仅仅满足于现有成绩、沉浸于自满状态。成员们在完成书籍阅读、理论学习、听课评课等常规工作的同时，应摒弃"因通知而参加""因宣传而活动"的应付心态。李娟名师工作室在设置整体发展目标的同时，工作室领衔人对全体成员的成长应有更明确的预期方向，重视对成员的过程性考核评价，形成末位淘汰制度，让工作室保持积极向上的生机和活力。

3. 勇闯"深水池"，革新学科教研形式

李娟名师工作室在计划工作室活动时，应注意减少同类活动的举办频率，强化活动的深度，丰富活动形式，依据学情分析，立足学科特色，在尊重个性、发展共性的基础上，为工作室成员提供更多"引进来"和"走出

去"的教研学习机会。

4. 探索"多元路",革新学术研究方向

引入积极心理学培训,吸引成员主动"卷入"研修,拓宽学术研究方向,做到研究成果真正惠及学生。目前,新课标、新课程对小学数学教学提出了更高要求,工作室应以新课标为抓手,深度探索数学教学新方向,深入了解数学学科发展的前沿需求,同时在小学数学课堂引入项目式学习、主题式学习、跨学科学习方式,让学生在课堂上的学习真正发生。

微雕的力量，激活个性成长的共生单元

李岚名师工作室 李岚 姚杨 赵芮

工作室成员合照

微雕，

之于匠人，

是一门手工技艺；

之于教师，

则是一个深度优化教育发展的持续性过程。

我们需要发现自己的优化空间，

在"微雕"中，不断突破自我。

李岚名师工作室成立于2021年11月，由成都市第十二幼儿园集团园长、党支部书记李岚同志担任工作室领衔人，汇集了来自成华区五所学校的精英，主要涉及行政管理、骨干教师、新入职教师三类人员，其中中共党员5

名，研究生4名。工作室成员的教育背景、岗位结构各异，如何在追求工作室稳步发展的基础上实现成员之间"百花齐放"的局面，工作室以"匠心雕琢，差异互补"为研修思路，用微雕的方式为每位成员进行精准刻画，并形成了"初心在方寸，刀尖在匠心"的工作室文化理念。

微雕，是一种以微小精细见长的雕刻技法，微雕制作要屏息静气、神思集中、一丝不苟。教育，亦如微雕，皆以匠心为本，品质为重，创新为要，坚定踏实，精益求精。然而，名师工作室成员有着各自的教育经验与风格，这就需要雕刻师精准运用手中的"刀尖"，展开"微雕四式"，助力新时代名优骨干新发展，最终形成"各美其美、美美与共"的名师工作室新样态。

意在凝·统筹

雕刻师在雕刻前需要对作品进行统筹思考与规划，把握工艺的整体方向与细节脉络。这种由全局到局部的工作思路同样适用于名师工作室。在这里，领衔人结合成员构成、发展愿景、个体差异等因素，制定名师工作室三年发展规划，统筹发展、指明方向，成员则在此基础上制定适宜于自身发展的个人发展规划，实现"双向奔赴"。

一、精雕工作室发展规划，统筹把握明方向

为全面贯彻党的教育方针，落实立德树人的根本任务，李岚名师工作室紧紧围绕成华区名师工作站相关文件精神，制定了工作室发展规划，分阶段开展基于教学实践与教育研究的系列活动。工作室旨在通过精准分析成员的优势与不足，结合行业发展要求与个人发展需求，整合自主发展、教学研讨、教育科研等多维度发展模块，生成"定制版"研修内容，为成员专业化成长指明方向，使名师工作室真正成为教师专业发展的平台。

工作室发展三年规划

建设阶段	阶段工作主要目标
2021.11—2021.12	摸查成员需求，建立相关制度，营造"文化自觉"氛围
2022.1—2022.12	为成员按需搭建平台，提高思想政治觉悟，提升业务水平，引领一批优秀教师参加教育科研工作
2023.1—2023.12	梳理建设经验与成果，显现工作室创建成效

二、细琢成员发展规划，差异互补聚合力

名师工作室的成员来自不同学校、不同岗位，存在成员多、结构差异大，单位多、性质差异大的特点。差异代表着每位成员的需求和追求是不一样的，工作室在发挥领衔人思想与专业的双重引领的同时，也要尊重工作室成员个体发展。工作室成立初期，成员根据工作室三年发展规划制定个人三年发展规划，领衔人对每位成员进行"专项问诊、把脉开方"，形成共同的专业发展愿景，在实现自身专业发展的基础上也实现了成员之间教育优劣势的差异互补，最终凝聚成推动工作室精细化发展的教育合力。

成员三年规划宣传

器在锋·弹性

工欲善其事，必先利其器。"器"不仅应具有吹毛利刃的雕刻效果，还应张弛有度，贴合作品本身。名师工作室基于自身区域、层次、人员构成、资源等特点明确，要在协同育人目标上达到"亮剑"的效果，就要采取"宏观+微观"的课程实施办法，即宏观层面遵循党的政治方针思想引领，微观层面制定弹性培训菜单。在工作室研修过程中，这把锋利的工具为教师成长提供助力。

一、宏观雕梁，追随时代脚步

名师工作室建设的初衷便是贯彻党的教育方针，落实立德树人根本任务。这要求名师工作室育人方向要正确，时刻保持思想先进性。名师工作室由十二幼党支部书记领衔，数名党员同志参与，定期开展国家政策、文件的学习与解读专题会，如解读党的二十大中关于教育的论述，研读幼小衔接指

导意见、保教质量评估等国家教育方针与政策等，时刻保持团队及自身的专业性与先进性。

二、微观雕心，制定弹性选单

考虑到名师工作室成员岗位不同，一线教师与行政人员在专业需求上存在差异，面临的教育困境也各不相同，为了满足不同群体的需求，工作室提出了弹性培训选单，即通识性知识培训下的"岗位需求结合""问题导向结合"学习。

弹性培训选单

阶段	新教师	骨干教师	行政管理
第一阶段（蓄力）	1.了解工作室发展规划，明晰自身专业发展愿景。 2.学习教师专业标准，掌握基本专业知识。	1.了解工作室发展规划，明晰自身专业发展愿景。 2.分享教学经验及成果。	了解工作室发展规划，明晰自身专业发展愿景。
第二阶段（成长）	1.一期一会，专业书籍交流分享。 2.参与课题、小专题研究。	1.一期一会，专业书籍交流分享。 2.组织一场关于教育教学实践的教研活动。 3.参与或承担课题、小专题研究。	1.一期一会，专业书籍交流分享。 2.承担课题研究。 3.组织一场关于行政管理的专题培训。 4.组织一场教科研培训。
第三阶段（辐射）	1.新教师献课。 2.论文或案例积极参与评选。	1.组织一场送教送培活动。 2.论文或案例荣获区级以上奖励。	1.开展园所管理主题交流。 2.论文或案例荣获市级以上奖励。

（一）岗位需求结合

名师工作室根据行政与教师岗位之间的差异，制定了行政参与"管理+教科研"、教师参与"教育实践+教科研"的弹性培训清单，形成了以教科研为抓手，以岗位需求为发力点的研修模式，满足不同岗位群体的不同需求。

（二）问题导向结合

问题导向则更加体现出名师工作室解决个人发展的现实问题。工作室汇集成员在工作中遇到的问题，并通过定期开展茶话会、线下问诊等方式有针对性地帮助成员解决问题。这种"对症下药"式的研修方式能快、准、稳地帮助工作室成员实现自我突破，使其得到快速成长。

行在稳·适宜

在微雕艺术中，雕刻师强调气息稳，运笔要准，正如工作室对个人的培养要适宜、适度、有节奏。李岚名师工作室以"两驱三融合"模式为指引，通过任务驱动、考核驱动激发成员内驱力，融合教育实践、科研课题、学员特长，因地制宜、因人而异地探索个人培养的适切路径。

一、团队研修，雕镂个性需求

工作室内部成员来自不同的园所，有着不同的教育背景，结构差异较大。李岚名师工作室以此为契机，在团队内部研修中因地制宜、因人而异地开展学习。工作室强调"差异"资源互补，在学期初制定任务清单，开展"1+N"教研活动，发挥"1"个人的优势带动团队"N"个成员进行"新"思想的碰撞、"新"领域的学习。同时，在学期末以报告、现场展示等考核形式检验团队成员的成长，以此促进团队的整体进步。

二、专家助力，擢升专业能力

工作室充分借助专家的智慧，通过"请进来"的形式引领工作室建设。工作室邀请专家参与工作室课题开题活动，帮助团队成员现场诊断、厘清思路、找出问题、总结经验、改进提升；邀请省市教科所教育科研专家及学前教育教研员为团队成员做课题研究指导和学科建设指导；邀请资深的管理专家为团队成员做管理素养的专题培训。成员们通过聆听专家的讲座，汲取教育教学改革的最新理念；通过网络或座谈、对话等形式，与专家进行交流研讨。

品在精·多元

成果是专业成长的有力佐证和继续向前挺进的号角。名师工作室要注重成果的收集、提升、推广，以一次次小成功促进他们走向人生的大成功。

一、结多样态物化成果

工作室以"常规+互联网"的途径，紧跟信息时代的潮流，通过信息技术赋能以达到方便快捷、资源共享的目的。工作室在梳理自身成果时拒绝"一刀切"，采取多样式地呈现物化成果，如项目研修手册、互联网+资源库——云盘、公众号等。工作室用QQ群、微信等网络平台开展专题学习、交流和研讨活动，将相关的学习资料、学习心得、培训收获形成网上资源库，便于成员之间资源的互享；运用百度网盘、微信公众号等多媒体平台，发布工作室工作动态，提高自身影响力。

二、建多维度交流平台

工作室为成员提供了广阔的交流平台，成员们在交流中被看见、在展示中被认可，收获成果和经验，提高自身影响力。工作室在开放的、多元的学习活动平台中，通过"线上+线下"的交流形式，打破交流空间，扩大交流范围，分享经验，实现辐射引领作用；通过"室内+室外"的展示交流，利用各种平台展示团队成果，利用各种机会让工作室成员、学员展示教学风采。同时，国培活动、市县组织的信息技术2.0教师培训活动，为工作室成员、学员增加了展示机会等。工作室在多元化的交流中收获成果，发挥其示范引领作用。

岁序常易，华章日新。

新时代教育背景下，

幼教人应该敢于尝试，拥抱变化。

初心为墨，

微雕为具，

蓄力成华幼教新征程！

打开学习边界，重塑生长场域

李嵘名师工作室　李嵘　钟丽雯　杨晓珺

李嵘名师工作室成立于2019年，两届成员一共17名教师。工作室成立以来，以"慎独、精进、创建"为发展理念，以艺术教育的审美高度打造专业形象；以融合创新的独特视角奠定发展之路；以教育实践的思维广度不断突破成长的边界；以教育追求的生命厚度成就每一位成员的教育人生！

一、打开思想的边界，让教育生活更有厚度

如何打造高品质的音乐课堂？如何更好地落实"五育并举"，全面提升学校美育？在工作室领衔人李嵘的引领下，结合对教育戏剧的学习和实践，工作室立项《具身学习视野下的中小学音乐课堂学生活动范式的研究》课题研究，引领音乐课堂走向心、身、境有机融合。

（一）拓展学习边界，提升元认知能力

工作室定期召开课题推进会，进行具身学习的理论知识、课题研究方面的学习，并分工撰写研究方案。大家轮流分享学习成果，逐渐理解了关于"具身学习"和"游戏疗愈"方面的知识，并熟练运用知网等平台查阅、分析文献。除此以外，老师们还广泛阅读专业杂志和教育专著，将眼光投射在更加广泛的领域。

（二）拓展思维的边界，构建活动范式

活动范式的构建，也是思维边界的拓展。2020年暑假，老师们在双林小学的图书馆和音乐教室里留下了激烈讨论和认真排练的身影，在一张张空白的稿纸上，不断更新活动范式的名称和内容说明。没有道具，大家就从家里寻找类似的材料进行制作和组合；没有服装，大家就统一自带黑色T恤。课题

组构建了包括"听、唱、奏、演、创"五个板块的基础范式库和融合了音乐游戏和教育戏剧的创生范式库，并且用文字材料和照片、视频对其进行了记录，为进一步梳理和运用课堂应用活动范式打下了良好的基础。

（三）拓展沟通的边界，对话专家学者

在研究和实践操作遇到研究瓶颈的时候，工作室请来了成都市教科所、知名大学的多名专家学者对成员进行指导，在一次次高端又接地气，专业而有内涵的沙龙交流中，转变了工作室成员对课题的认识。首先，老师们明确了关键重在活动，而活动的主体是学生，必须立足音乐课堂学习和学生发展开展真实的研究；其次，老师们系统学习了研究课题的方法；最后，老师们逐渐跳出音乐学科的思维定式，能站在更高更全的角度来思考音乐教育如何更好地促进人的发展。

随着课题研究成果的推广和运用，入室教师的研究能力大幅增强，区域内学生对音乐课堂的参与兴趣、主动性和积极性明显提高，进一步赋能课堂品质提升。该课题多次在课题阶段考核中荣获市级二等奖；课题组成员主研的小专题多次荣获成华区小专题优秀成果一等奖。

二、冲破学科的边界，让戏剧与音乐完美结合

怎样让孩子们真正走进音乐的世界？戏剧和音乐可以怎样结合？工作室把想法变成了行动——将钢琴的发展和经典钢琴曲融入一场剧目里，让孩子们悦纳音乐、爱上音乐，让乐音之美浸润孩子们的心田。

（一）原创音乐鉴赏剧，让音乐被"看见"

2022年7月，李嵘名师工作室开始了《钢琴物语》音乐鉴赏剧的创作。《钢琴物语》以纯钢琴为背景，涵盖了29首不同时期和风格的钢琴作品。故事从琴童练琴时的戏剧冲突开始，转而跟随钢琴小精灵一起走进音乐的世界，通过默剧、话剧、即兴戏剧、浸没式戏剧、全景戏剧、舞剧、互动、动画、游戏等多种形式，让孩子们看见和感受钢琴的构造、发展历程、演奏方式和钢琴音乐家的故事，引领孩子走进音乐世界、看懂音乐故事、感受音乐温度。

（二）戏剧创作，开启能力迭代

如何创作一部全新的音乐鉴赏剧？工作室成员决定挑战自己。一个个任务以工作室群召集令的形式发出，成员们在一天内完成了组建剧组和框架构思，在三天内完成了N度剧情创作；进入排演阶段后，成员们在经过13个小时的初排以及连续一周的不断修改和完善后，完成和优化了"编剧细目表"和"剧务任务单"。每一次召集令就是一次迭代，既是成员们的专业迭代，也是这部剧的创作迭代，促成大家在最短的时间内完成了排戏、磨戏、研戏、演戏的全过程。

（三）新领域的自我突破

在排演过程中，身兼数职的成员们突破学科限制，不断挖掘新的潜力。设计组完成了工作室的LOGO、海报等的设计；灯光设计组从零开始，学习各种灯光的用途和组合；文案设计组用文字传递团队的主张和精神，体察《钢琴物语》对教师和学生成长的价值意义；音乐和音效、服装、道具、舞美设计……每个项目组对设计的作品都要求精益求精，直到达成最佳舞台效果。导演组定方向、定基调、定标准，力求从宏观和微观两个角度与所有团队一起学习、一起挑战、一起成长！四川省人民艺术剧院的杨银波导演感动地说，一群非专业的演员们，用这么短的时间创作出一部全新模式的"混沌剧"，这是一个奇迹！他看到了一个有品格的团体，历经艰辛跨越多个领域的边界，开展有品质的活动，带给孩子有品质的作品！

导演组集体创作的主题曲——《有一束光》，描绘着剧组的音乐梦。这束光，引领工作室学员们冲破学科的边界，在编导、表演、舞美、教学等方面综合发展，不断取得新的成长！《钢琴物语》也成了音乐剧《EASOM的礼物》的创作雏形，为更专业更系统的戏剧创作打下了坚实的基础，迎来了更大的舞台展示。

三、扩大影响的边界，增强音乐学科影响力

（一）推广研究成果，扩大国家、省市影响力

李嵘名师工作室领衔人及成员先后在各类现场会开展系列课程、国培讲座、送教活动并担任各类比赛的评委，在各地的研培活动中崭露头角，得到了相关学校、教研部门和广大教师、学生的认可。成华音乐的学科影响力正在逐年扩大，并且得到了省外音乐学科人员的关注，他们积极要求到成华区

学习取经。

2019年10月9—12日在上海召开的中国教育学会第二届音乐教育大会论文宣读环节中，李嵘、钟丽雯宣讲了论文《玩转游戏范式赋能审美感知》。李嵘先后在2020年12月7日四川省教育科学研究院举办的"中小学高品质艺术课堂构建策略的研究"省级课题阶段性成果研讨会及市（州）音乐教研员会上，作了《高品质艺术课堂构建之成华样态》的专题交流，在2021年四川省网络教研活动（小学音乐）中进行了《植入与生长：基于"教育戏剧"的融合型音乐课堂》等专题讲座。陈娜娜在2021年12月17日教育部教师工作司、全国中小学教师信息技术应用能力提升工程执行办公室能力提升工程2.0实地调研活动上，设计并执教具身学习视野下的信息化教学课例《波斯市场》。

工作室一共开展省级讲座12次、市级讲座12次；在中加文化交流月校长云论坛主题发言1次；在与中国香港友好学校交流中展示示范课2次；开展国家级交流发言1次、省级讲座交流1次、市级专题讲座交流9次、区级专题讲座18次，进一步扩大了工作室的影响力。

（二）学科建设引领发展，提升学科教学影响力

李嵘指导并参与的10多个校园影视作品《不务正业的吸管》《春节序曲》等荣获省级一等奖，指导的《川剧表演台步、翎子功》《波斯市场》研讨课在2021年四川省网络教研活动（小学音乐）中展示；杨晓珺、舒瑶、郑玲、左维等主创的5部校园影视作品荣获四川省第十七届校园影视教育成果影视教学"课堂实录"类、校园综艺类一等奖；左维荣获四川省"基础教育精品课"遴选活动一等奖；舒瑶获成都市"基础教育精品课"遴选活动一等奖；陈星宇老师荣获"2022年成都市中小学音乐优质课比赛"一等奖。

工作室成员赛课先后获得部级优课2节，3人荣获省级一等奖，3人荣获市级一等奖；9人荣获市级二等奖，2人荣获市级三等奖。工作室成员发表了3篇国家级论文、1篇市级论文；参与研究的老师中，2人获评区学科带头人，1人被评为市优秀青年教师，1人被评为市教坛新秀，1人被评为市优秀少先队辅导员，2人获评区优秀青年教师，1人被评为区教坛新秀。课题组成员的相关研究论文、活动、课例获国家级和省、市、区级奖项达100余项。

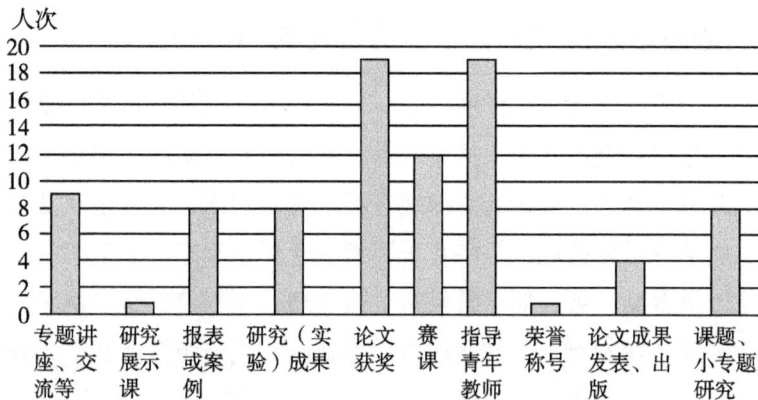

李嵘名师工作室成果（市级及以上）一览

四、打通生活的边界，梦想清单赋能发展目标

如何实现工作与生活的平衡，齐头共进？工作室作为情感共同体，努力打通生活与工作的边界，采用梦想清单的方式联动发展。

年初启动会上，每个人都会填写一份梦想清单，从教学、科研到生活上的小目标都有所涉及；年末总结会上，每个人对照清单进行回顾，梳理收获和不足，为来年的计划厘清思路。成员们惊喜地发现，手写梦想清单的同时，也在心里播下了一颗种子，帮助成员们在这一年的生活中潜移默化地向着目标努力——有的成员完成了高品质音乐课的打造，获得了省市区级一等奖；有的成员成功地完成了减重18斤的目标，收获了更加健康的身体；有的成员完成了精美的旋律线视频和书样的制作；有的成员完成了小专题的研究并获奖。

梦想清单

五、触碰未来的边界，音乐可视化助力智慧教育

　　未来的音乐教学是什么样的样态？未来的音乐教师应该具备哪些能力？李嵘名师工作室一直不断深入探索具身学习的研究和实践，结合现代教育信息技术，开发了音乐可视化的旋律线视频设计与创作，为音乐欣赏提供了新的样态。所谓音乐可视化，是将音乐要素融合到或静态、或动态的图像中，让音乐可以被看见、被感知、被触摸、被表现，而不仅仅是停留于想象和语言描述中。截至2022年，工作室成员制作音画范式资源微课25节，开辟了新的教学模式，正在积极筹划以静态、动态旋律线作品为线索的音乐欣赏手册，用于推广音乐可视化的研究成果；已形成融入旋律线的课例40余节，其中省级优秀微课11节、省级示范课8节、市级示范课5节。

　　李嵘工作室自成立以来，致力打造学习共同体、成长共同体、情感共同体、学术共同体，不断尝试突破思想的边界、学科的边界、生活的边界、影响的边界，努力触摸未来的边界，不断提升工作室研究能力、音乐活动课程的开发与利用能力，增强了工作室教师区域辐射作用，但这一切还只是万里征途中的第一步，未来的路还需要我们继续不断突破既定的边界，一步一步踏实前行。

发现·自省·共识·共进：打造忒修斯之船
——区域名师工作室特色创建路径

李雪梅名师工作室　李雪梅　郑东俊　文敏

> 如果你想走得快，一个人走；
>
> 如果你想走得远，一群人走。
>
> 不知道，明天我们在做什么；
>
> 但至少，我们要对今天负责；
>
> 让明天因为今天的付出而多一份精彩！

忒修斯之船航行百年，每一块甲板都是它坚实的保障。名师工作室类似"忒修斯之船"，以个体优秀促团队卓越，以团队之力助个体吐故纳新，以点带面辐射引领，永葆匠人精神，方能砥砺前行。

成都市、成华区李雪梅两级名师工作室以人为本，树立科学发展观；以活动为载体，充分发挥工作室全体成员的智慧，发扬开拓创新精神、团队合作意识，潜心研究，虚心总结，不断完善自我，不断提高各自的教育教学和学术研究水平；通过工作室示范引领、成果辐射作用，实现优质教育资源共享，努力把工作室办成名师成长的园地、资源辐射的中心、师生对话的平台、教育科研的基地，从而促进成华区小学数学教师队伍专业迅速成长，为推动成华区小学数学教育事业的发展做出自己的贡献。

一、发现·自省：忒修斯计划之个人研修"以个人觉醒渡己"

工作室通过目标引领、文化浸润、任务驱动，确立同行者的发展目标。

（一）目标引领，明晰专业高度

李雪梅工作室通过发展规划、成长计划来引领教师的发展。根据工作室成员的年龄结构、专业储备、教学能力、科研水平、个性特长等对其进行分析，有针对性地制定递进式成长规则，确立"传帮带"行动方案，帮助他们确立发展目标。

1. 成为学习型教师

工作室的成员通过参加名师工作室组织的系统理论学习，能解读相关教育教学理论并形成自己的见解，将新课程理念内化为教学行为，运用到教学实践中。

2. 成为特色型教师

工作室的成员通过参与名师工作室的教学研究活动，挖掘自身优势，发挥自身的个性特长，形成自己的教学风格，确定自己的教学专题，能独立进行高水平的教学设计，能承担骨干教师培训班或送课下乡的教学任务。

3. 成为研究型教师

名师工作室的核心成员能理论联系实践，进行相关教学专题或科研课题的研究，能撰写较高水平的论文和课题。

4. 成为专家型名师

名师工作室的核心成员经过三年的积淀、研究和提升，在教学和科研水平等方面有大幅度的提升，在理论、教学和科研等方面有较强的指导能力和较高的造诣，在市内小学数学界有较高的知名度，能承担教学专题培训任务。

促进每个成员的专业发展是名师工作室的重要使命，工作室及全体成员通过四个阶段的循环往复，推动个体发展，带动团队发展。

循环往复的四个阶段

（二）文化浸润，厚植专业情怀

李雪梅名师工作室以蒲公英为载体，创建了属于工作室特有的标志。

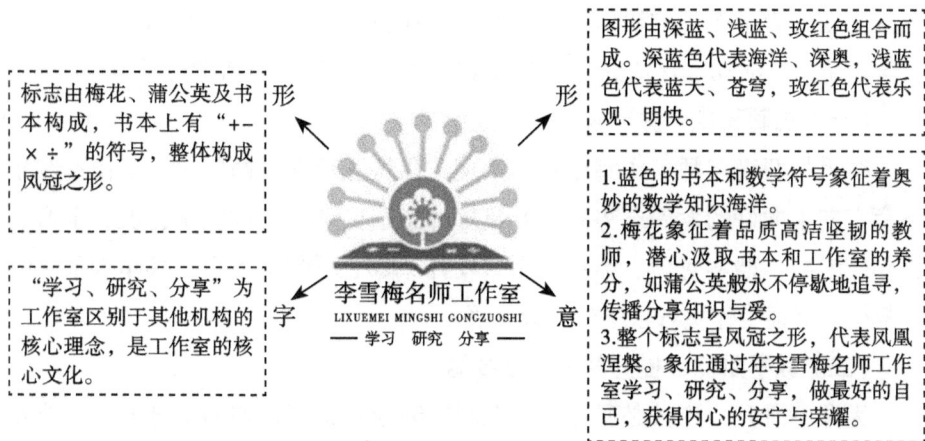

标志由梅花、蒲公英及书本构成，书本上有"+ - × ÷"的符号，整体构成凤冠之形。 **形**	**形** 图形由深蓝、浅蓝、玫红色组合而成。深蓝色代表海洋、深奥，浅蓝色代表蓝天、苍穹，玫红色代表乐观、明快。
"学习、研究、分享"为工作室区别于其他机构的核心理念，是工作室的核心文化。 **字**	**意** 1.蓝色的书本和数学符号象征着奥妙的数学知识海洋。 2.梅花象征着品质高洁坚韧的教师，潜心汲取书本和工作室的养分，如蒲公英般永不停歇地追寻，传播分享知识与爱。 3.整个标志呈凤冠之形，代表凤凰涅槃。象征通过在李雪梅名师工作室学习、研究、分享，做最好的自己，获得内心的安宁与荣耀。

工作室标志释义

这样独特的研修文化，既有学科特色，又有深厚的文化底蕴，意指教师的一生如蒲公英般，传播对自己、对学生、对教育永不停歇的爱，提升自己，成就他人。

（三）任务驱动，躬耕专业实践

名师工作室作为互勉共助、集体成长的平台，关键是引领，核心是发展，内涵是研究，力求通过有目标、有内涵、有规划的一系列专业实践踏上专业发展的优化道路，让每位成员通过"五个一"的任务驱动内修外炼，努力成长为"五度"教师：思想有高度、知识有深度、见识有广度、文化有厚度、为人有温度。

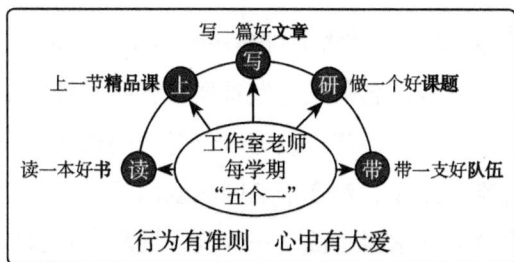

工作室老师每学期"五个一"

二、共识·共进：忒修斯计划之团队赋能"以团队发展渡人"

针对教师发展过程中存在的年轻教师的职业规划问题、成熟教师的职业倦怠问题、骨干教师的辐射引领问题，工作室实行"五能"驱动，从机制、教学、研究、活动、评价五个方面给团队赋能，明确共进者的行动方向。

（一）机制赋能，激励教师专业自觉

李雪梅两级名师工作室用制度治理，以情感管理。两年来，工作室有条不紊、向上向好的发展态势离不开良好的激励机制。工作室从会议、学习、工作、考核、档案管理、经费使用、硬件保障七项制度入手，搭建链条式组织架构，保证工作室各项工作有效开展。

（二）教学赋能，提升教师专业技能

无课不研究，论教必研课。"双减"新政背景下，如何提升成员专业发展的"五能力"是本工作室的主攻方向，也是本工作室各项活动开展的出发点和归宿点。

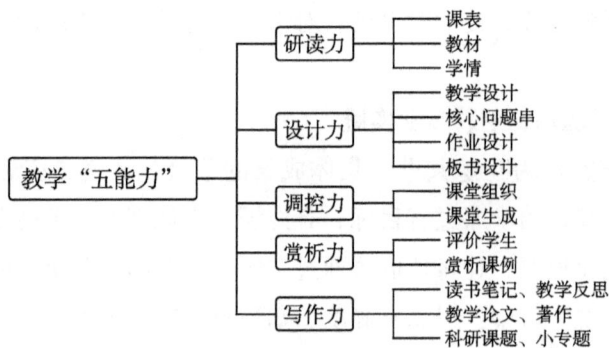

教学"五能力"

2022年，工作室4位成员获得成都市小学数学作业设计大赛一等奖；3名男教师参加成都市小学数学名师工作室首届男教师主题教学成长擂台赛并荣获特等奖和一等奖；李雪梅、郑东俊等多位老师的论文发表于核心期刊；张元元、文敏、卢晓雅、颜顺、刘金华老师获全国新世纪小学数学第三届全国名师工作室教学设计与课堂展示活动一等奖；周静老师获成都市第十八届小学数学中青年教师课堂教学赛课一等奖；工作室课题完成立项；多个小专题获奖；工作室经验于2022年11月刊登于核心期刊《小学教学》封底。

（三）研究赋能，助推教师专业提升

教科研是教育教学的第一生产力，是提升教育教学效益、提升教师品位的关键，研究也是名师工作室的要务之一。工作室围绕区级课题《智慧课堂背景下小学数学深度学习的教师行为策略研究》，以"智慧数学"的教学主张为根基，以鲜活的课堂实践为载体，以项目研究为支点开展实践研究；以学术沙龙、撰写论文、微讲座等形式，梳理问题解决的路径。教师将教学实践的经验、智慧汇聚起来，与专家观点碰撞、融合，形成文本和研究材料，从而实现课题的突破和学习共同体的专业发展。

（四）活动赋能，引领教师专业发展

工作室以研修主题《智慧课堂背景下小学数学深度学习的教师行为策略研究》为统领，以教学实践问题为抓手，统整道法术，深耕点线面，以理论与实践并重、输出倒逼输入的学习方法，促进教师专业成长。

活动内容主要有教学活动、科研活动、培训活动三个维度。

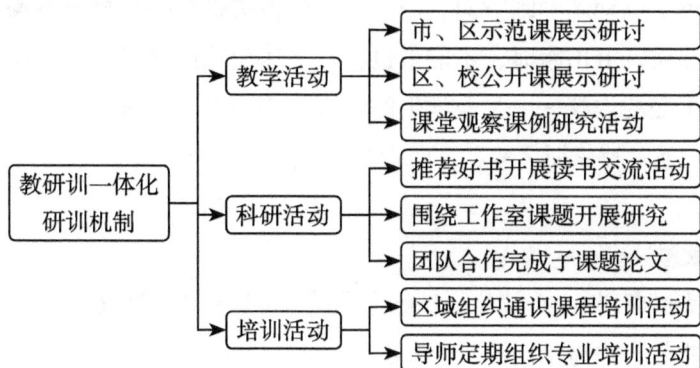

主要活动内容

活动设计和实施流程如下图所示。

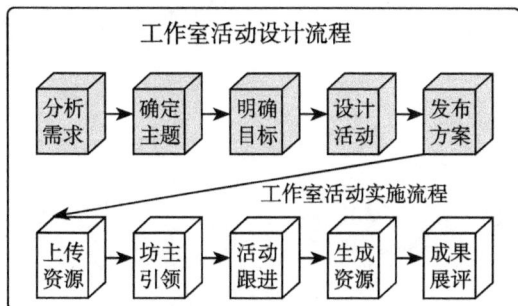

活动设计和实施流程

（五）评价赋能，促进教师阶段发展

评价不是判断成员是什么人，而是引领成员成为什么样的人，更是激励成员朝目标前进的灯塔。工作室建立学员成长档案，完整收录成员的读书笔记、课题、论文、公开课等资料，客观地记录成员的成长足迹。以各种展评活动对成员进行定性与定量、过程与结果相结合的积分制评价，促进工作室良性发展、成员个性发展。工作室秉承"参与=做事=成长"的原则，在领衔人李雪梅老师的带领下，分成四个项目组（管理协调研究策划组：研究赋能、专业导航；活动实施整体服务组：标准导行、协调推进；活动文宣资料整理组：总结反思、示范辐射；活动外联对接组：内外对接、优化管理），统筹管理、分工合作，通过工作室研修业绩积分表，动态管理促进学员内驱力，努力促进其每一阶段的稳步发展。

李雪梅名师工作室成立两年以来，通过个人三研修（目标引领、文化浸润、任务驱动）助力成员明目标，借助团队五赋能（机制、教学、研究、活动、评价）推动老师晰方向，用一棵树的挺拔带动一片林地飞舞。志之所趋，无远弗届，穷山距海，不能限也。在飞速变化的时代中，李雪梅名师工作室秉承不变的内核——关爱学生的师者仁心、教育的基本规律、数学的思想方法，把航"特修斯之船"，向青草更青处漫溯……

参考文献

［1］成尚荣.做一个精神灿烂的人［J］.人民教育，2016（17）：1.

［2］陈红，许海卫.聚焦学科教育素养提升的名师工作室建设［M］.北京：创新人才教育出版社，2022（4）：71-74.

［3］杨凤辉."三力"驱动 玉汝于成［M］.南京：江苏教育出版社，2017（95）：35-37.

第三篇

成员分享

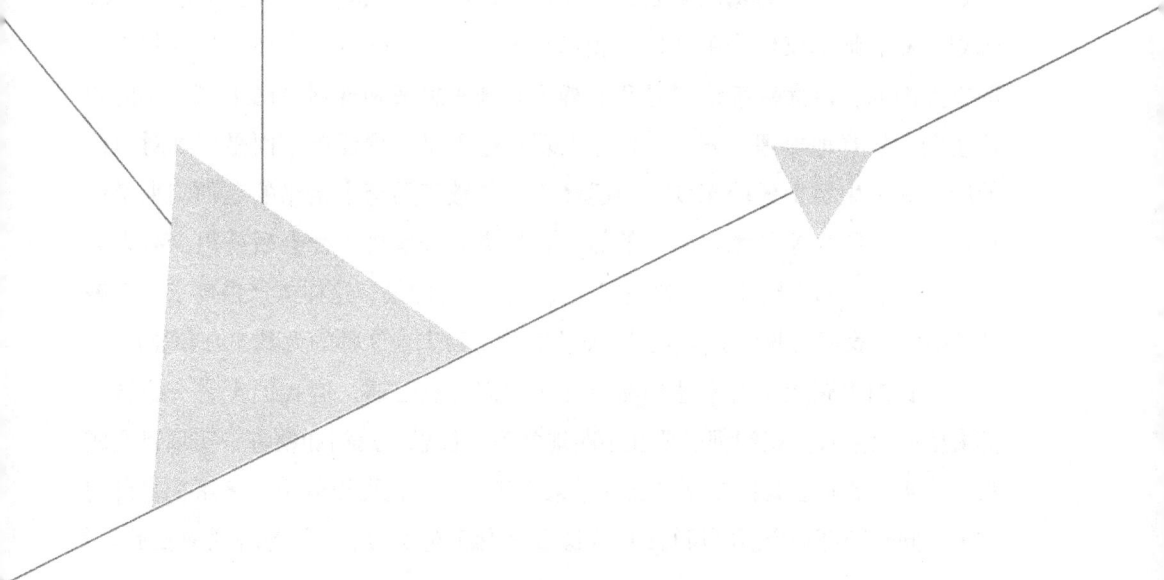

心有猛虎，细嗅蔷薇

邓敏鸿名师工作室　谢巧　王菲　陈莉君

2021年注定是一个值得记忆的年份，在这一年里，我们遇到了职业生涯的贵人——邓敏鸿老师。这一场美妙的遇见给我们的教学科研生命注入了新鲜的血液，为其增加了纯正的专业熏陶。携手走过2021年和2022年，在师父的悉心指导下，我们工作室的十名伙伴一起步入了职业成长的快车道。两年以来，我们的理论更新了、实践能力提高了和成果积累了，都令人惊喜和感动。

一、三年计划启新篇

凡事预则立，不预则废。进入邓敏鸿名师工作室的第一项"任务"就是规划未来三年的个人成长，写出三年成长计划。计划每学期都在写，但我们还是第一次以三年为基础来制订工作计划，所以要认真思考自己的职业发展规划。邓老师不仅仅是单纯地给我们布置了这项"任务"，更是从教师成长的方方面面，事无巨细地引导我们静下心来去思考和规划自己未来三年的职业生涯。认真地梳理下来，我们才发现，这不是一项任务，而是一种对自己的职业和人生负责任的态度。对已经工作了数年乃至十余年的老师们来说，这种感觉既陌生又熟悉。陌生的是，自从离开校园进入社会后就很少有人会这样手把手、掏心掏肺地引导我们往前走；熟悉的是，这样的严格要求和发展性的引领让我们在职场上体会到了学生时代那种来自老师的无私关心和温暖。

成长的道路上，有幸遇到邓老师。我们虽然普通，但我们十名一线教师都渴望向上生长。我们都需要在不断地学习、反思、总结和精进中实现自我成长。感谢邓老师让我们规划自己的未来三年，让我们可以静下心来审视自己的过去，同时制订一个清晰可行的计划。路漫漫其修远兮，上下求索势在必行。

二、核心期刊学习阔视野

为工作室成员订阅核心期刊

邓老师时常提醒我们既要埋头拉车，也要抬头看路。邓老师为我们订购核心期刊《中小学英语教学与研究》，督促我们加强专业学习。在研修的过程中，邓老师带领我们一起静下来，阅读和学习杂志里的文章，结合我们的教学实际畅所欲言。作为一线教师，这种学习经历太宝贵了。在每一次的研讨中，我们就像是干涸了很久的土壤遇到了及时雨。每一次就教学中的疑惑进行探讨和研究的过程，于我们而言都是一次专业认知的升华。在提升专业能力和教学能力的同时，我们可以学习教学高手们的写作方式；在阅读和思考的过程中，我们可以碰撞出思维的火花；在日常的教学生活中积累素材。我们及时对教学生活进行反思和总结，为我们自己撰写学术论文提供思路和方向。

三、生本教育练本领

工作室成员每月献课

名师工作室成员每月轮流献课一节，每一次听课都是我们学习和自我提升的绝佳机会。最朴实的课堂，没有华丽的装饰，全是高效的教法和科学的学法的最直接展示。还记得第一次郭芳老师的公开课后，邓老师马上搜集孩子们对该节课的意见和建议。我们当时都被惊呆了，这样的反馈，绝对是最真实有效的，我们的认知从这一刻开始发生变化。什么是生本教育？邓老师的这种方式就是生本教育的直接表现。听完课后，邓老师以自己的听课本和听课方式，手把手地教我们如何高效听课和反馈。邓老师用自己的言行影响着我们，从邓老师的言行中所透露出来的对专业的尊重和对学生的责任让我们明白：只有静下心来，提升自己，才能对得起中国新时代教师的身份，才能对得起家长和学生的信任。除此之外，在整个研讨的过程中，工作室成员们独到的见解和扎实的专业功底让人大开眼界，没有花哨的吹捧，大家都是实实在在地立足于课堂谈教学。一次一次地听课学习，在这种注重实战的教研氛围中，我们用最接地气的方式讨论着真实课堂中的优点和缺点，让每一次的研修活动都成为促进我们专业能力提升的盛宴。邓老师永远都是用最前沿的专业知识带领着我们前进，何其有幸，能在这样专业性强又不失趣味性的工作氛围中学习最接地气的英语教育教学工作方式和方法。

四、专业研讨明方向

工作室每月一场专业研讨会

名师工作室的研讨是最务实、最有实际指导意义的研讨。《义务教育课程标准》正式出版后，邓老师带领我们认真研读，逐字逐句地阐述，并结合实际教学生活进行拓展延伸。邓老师的严谨和认真在我们略显混乱的教学生活中就像一盏明灯，总能在我们最需要的时候给我们指引方向，给予我们温暖和力量。除此之外，邓老师还给我们请来教育教学领域的专家为我们做指导，成都市教科院高中英语教研员黄正翠老师、西华师大陈文存教授、成都七中陶家耀老师等先后为我们带来了专业指导。疫情的反复从来没有阻断邓老师带领我们成长的步伐。2022年11月的研讨活动，邓老师邀请了都江堰中小学教育研究员黄奎老师为我们开展了主题为"语言、思维、文化三维融合的中学英语文本解读策略"的专题讲座。讲座结束后，邓老师鼓励我们结合自己的教学心路历程，积极分享学习心得。与此同时，邓老师鼓励大家要向黄老师学习，在教学中积极地做实证研究，在平时的课堂教学中要注重学生语言、文化和思维的协同发展。邓老师非常赞赏大家积极踊跃地分享和互动。邓老师告诉我们，工作室每位老师的教学成长环境不同，人生经历有差异，学术涵养有异同，大家在相互学习和共同分享的过程中碰撞出英语学科教育教学的火花，这样才能把工作室搭建成一个积极向上、充满正能量的学习共同体。

五、研学活动开眼界

工作室研学活动

读万卷书明智，行万里路致知。学习是成长进步的阶梯，实践是提高本领的途径。邓老师在带领我们教学和教研的同时，还带领我们去农博园和宝墩遗址学习和参观。在参观的过程中，邓老师与我们聊起她的成长故事，毫无保留地跟我们分享她宝贵的成长经验，我们深深地被邓老师身上的党性所感染。爱国爱校爱家，爱事业爱学生爱生活，在邓老师身上，对教育事业和生活的热爱从来都不是空洞的口号和抽象的概念，相反，这些都渗透在邓老师与我们所分享的点点滴滴中。一言一行都是表率，感谢邓老师，让我们在研修教育教学工作的同时，对生活和事业也产生了新的认识。

六、辐射引领显成效

工作室成员在各自的学校发挥引领作用

"一个人走得快，一群人走得远。"工作室的每一次研修活动，邓老师都倾囊相授，毫无保留。我们回到自己的学校，回到自己的教研组也积极主动地将在工作室学习研讨中获得的资料和产生的反思与教研组老师们分享。我们将《中小学英语教学与研究》中能有针对性地指导本校英语教学的优秀文章印发给教研组的英语老师们，供大家一起学习和研讨。在研修活动中，邓老师一直强调树立学生的国际视野，涵养家国情怀和坚定文化自信的重要性。在实际教学中，我们积极组织学生参加工作室国际理解教育活动——"用英语讲中国故事"，各校共计4名同学获得特等奖，20名同学获得一等奖，36名同学获得二等级，60名同学获得三等奖。

七、心有猛虎，细嗅蔷薇

成都四十九中副校长任小林与工作室全体成员合照

　　加入工作室以来，我们的教学生活中既有知识的沉淀，也有教学水平的提升，还有自我的完善。曾国藩曾写道，物来顺应，未来不迎，当时不杂，既过不恋。在往后的研修日子中，我们定当坚守通过学习提升自我的初心，脚踏实地，在邓老师的引领下，在工作室优秀的老师们的陪伴中，怀揣信念和梦想去奋斗和拼搏，在教师这个平凡的岗位上去奉献自己的力量，去成就学生的美好，成就自己有意义的人生。

　　时代在变，不变的是成为教育者的初心。我们的征途是星辰大海。心有猛虎，细嗅蔷薇，在岁月的长河中，携热爱，赴山河，不负未来。

　　成长路上，感恩遇见！

历练后的飞翔——参加名师工作室学习心得体会

何青松名师工作室　刘畅

今年，我有幸成为成华区何青松名师工作室的一名成员。自豪的同时，更多的是彷徨。

从2005年大学毕业以后我就一直在成都三十八中学担任语文教学工作，大学里对教育事业的美好理想在现实面前被击得粉碎，喧嚷的课堂、凄惨的教学成绩让我不得不怀疑自己。2007年学校安排我们年轻教师去双流棠湖中学参加全国教师赛课的观摩活动，那是我第一次见到何老师，也就是在那一年，我见识到了全国赛课一等奖名师的风采，所以时隔7年，区名师工作室的展开，在看到何老师名字的时候我毫不犹豫地写下了我的选择，希望能走到大师身边、见识大师风采、聆听大师教诲。

当我接到何老师的电话时，除了欣喜若狂，更多的是担心自己能力不足，有负工作室的厚望，有损工作室的形象。虽然我不是工作室里最年轻的一员，但我确实是资历最浅的一个，其他教师的优秀让我彷徨不安。

很快，我接到了南江二中发给名师工作室的邀请，何老师在征求过我的意见后，建议我可以上一堂具有三十八中特色并以导学案为载体的示范课，因为这最能体现我们学校为教改所做的探索与尝试，同时这也代表我们三十八中语文组集体的力量和智慧的结晶。多次商讨后，我们将课型确定为以导学案为载体的散文训练阅读课。在前期的准备和打磨阶段，何老师和工作室成员双语学校申小莉老师总共来了我们学校三次，听取了我在三个班上的不同展示课。每次课后，他们都会和我们学校的语文老师一起给我诚恳地提意见和建议。一次又一次的修改，一遍又一遍的演练，每一次课后申老师温柔的声音都会在我的耳畔响起："这次比上次有进步！"我很珍惜这次机会。教书是我儿时的梦想，我在读大学时也曾经拿过系赛课一等奖，读书时的赛课和工作后的上课真的是不一样。拥有梦想确实可贵，但要实现梦想需要更加努力，除了自己的努力如果还能得到专家的指导那进步才会非常快。我从没想过我能通过这次的备课收获那么多，我的课堂在不断改进的同时我的信心也不断增强，终于在两周后的最后一次课后，何老师说："可以，不过现场发挥还要更自如一些！"我终于舒了一口气。

无法忘记为南江二中献课的前一个夜晚，在出席完南江县教育局领导和南江二中校领导举行的接待晚宴后，我和工作室成员列五联中的罗琼老师在宾馆促膝长谈。从晚上10点到凌晨1点，整整3个小时，罗老师认真地看了我的教学设计后，详细地询问了我讲课的整个流程、每个训练题的设计意图、每个训练题的答题以及分值设定，接着就针对每一个环节提出质疑，让我思考怎样才能更好地达到预期的教学目的和效果，大到每一个环节之间的衔接推进，小到每一句话的选择安排，都给了我具体的建议，甚至连最后的课件制作也给予我悉心指导。要知道我设计的散文训练课总共只有4个小题，罗老师严谨的治学态度和那一颗真诚帮助年轻教师的心让我备受感动。

第二天，南江二中的阶梯教室坐了近200名师生，得知成都的教育专家来献课，学校规定没有课的老师必须全部来听课。这应该是我经历的最大场面的课了，孩子们清澈明亮的眼神充满了期待，坐在后排的老师拿出听课本安静地记录。喊"上课"的前一秒，我的眼神扫过站在过道给我拍摄的工作组老师们，他们的微笑里满满的都是鼓励。一遇大场面就胆怯的我这时忘记了周围的一切，眼里只有授课内容和孩子们，按照昨天夜晚罗老师为我打磨的环节，一步一步层层推进，我感觉自己渐入佳境，孩子们也跟着我的节奏融入文本。等到铃声响起，我们的课也应声结束，在场的老师和孩子们给予我热烈的掌声。第二堂课是何老师的《渡荆门送别》古诗鉴赏课，经过他的身边时，他微笑着对我说："这是最好的一次！"

两周后我收到了工作室成员双语中学陈娜老师撰写的文章《情系巴山教育提升成员功力——成华区"何青松名师工作室"南江行记》，刊登在成华区双语学校的网址校园新属一栏。照片上那个镇定自若、举手投足之间充满自信的教师真的是我吗？那个坐在主席台前能大方地接受大家提问的教师真的是我吗？我不禁想起在回成都的车上，陈老师鼓励地说："你很有潜力，可以好好挖掘。"而申老师则很风趣地说道："刘畅老师，你的课题是《历练后的飞翔》，而今天的献课真的就是你历练后的飞翔！"

时间走到今天，不知不觉中名师工作室的研修就快结束，何老师带着大家研讨的一幕幕情景又浮现在眼前，这几年也是我们收获、进步最大的几年。工作室五位学员中，有两位已经担任学校的中层干部，两名担任学校语文教研组组长，一人担任学校年级组长。我想言语已经无法表达我们现在的感谢与珍惜之情，对一群在儿时就怀揣着教育梦想的年轻人来说，在工作中屡次遭遇现实与理想的冲击，在他们找不到方向并逐渐丢失自信时，名师工作室的出现带给他们的不仅仅是希望，还有实现教育梦想的幸福感和成就感。路漫漫其修远兮，吾将上下而求索，三年的入室研修已然结束，我们将不忘初心，历练各自在教学上的修为，去实现对教育和教学的梦想。

平台让我进步，胡琳名师工作室成就了我的发展

胡琳名师工作室　马玉伟

　　记得那是2018年年底的一天，校长电话告知我被成功遴选为四川省首批名师工作室胡琳名师工作室成员，心里不由得暗喜：又成功获得一次学习的机会。最初我当这次遴选只是参与一次普通的培训，哪知却是一个大大的惊喜，成了我在教育事业上飞跃的契机。

　　工作室启动那天来了很多嘉宾，都是级别很高、业界很有名气的，稀里糊涂的我此时才发现阵仗有点儿大。工作室其他成员来自全川，都是各地的骨干，有特级、正高级、高级，有教研员、名师，级别与资历可能是最低的我在这些人面前感到诚惶诚恐。来到胡琳老师所在的成华小学，我看到了满校园的美术作品，风格突出、个性满满，还有装饰精美、精心布置的美术教室、学校博物馆、美术馆，尤其是里面珍藏陈列的精美的美术作品，其中不乏荣获全国少儿艺术展演一等奖的作品，让我感到分外的震撼。领略了成员们的深厚资历和导师的造诣后，我只能怯懦地跟在大家的后面倾听、学习，因此暗自下决心：一定要在这里，在名师工作室里努力地学习提升。

　　胡琳老师在美术方面的成就在美术教学领域得到了广泛的认可，与全国各地的名师、省内的美术教育圈都有很深的交往。胡老师把她的影响力作为成员研修学习的资源，积极地带领我们参与各种交流学习活动，带领我们与苏州、无锡、杭州、上海的名师工作室进行交流，带领我们参加全国名师工作室成果展会，鼓励成员撰写成果或准备优质课在全国平台进行成果展评。在这些活动中，我看到了省外美术教育的方向与特点，领略了外省名师工作

室成员们的成长路径，也让我见识了各地名师的独门绝技，有深耕教学的，有扎根班级管理的，有探索教育创新的。这些见识让我意识到原来教育领域还有那么宽阔的天地需要我去深耕，原来平凡的我也可以发掘与拥有一项过人之处，形成自己的优势与风格，并在未来的某一天它们将会成为自己探索教育发展的探路石。从那以后我便开始规划自己的教育职业生涯，清晰了自己的奋斗方向，知道了怎样朝着名师的目标奋进。

工作室以成员的长项为培养基点，让每位成员的闪光点变得更加闪亮，甚至成为他们的标志。在工作室运行架构的建立和人员分工时，我进入了科研组，也算是为不突出的我找到了一个闪光点，确定了自己的发展方向。在完成平常工作的基础上，科研组主要负责组织科研活动、搜集科研资料、整理科研课题、撰写科研计划与报告。在此过程中，我需要大量地写，大量地搜集整理研究过程中需要的材料、文字及图片。随着参与机会的增多，不显眼的我逐渐凸显出来，慢慢成了科研组的骨干，撰写与提炼能力得到了突飞猛进的提高。我从一个不知教育科研为何物的门外汉，变成熟悉教育科研全过程，能发现问题、提炼问题、形成课题、开展研究的熟练工。

进入工作室后，我意识到我的发展方向可以放在教育科研上，于是我就有意识地关心教育教学中能进行科研或可以作为科研问题进行思考的点。在我校校本课程拼布艺术的研究过程中，我在形成科研方向之前都是随性的探索，有科研意识后便把拼布艺术教学的开展看成一项科研，提前进行规划，注重提炼、积累，从简单的拼布拼画，到尝试服装上的展示，再到展现中国水墨意蕴的拼布，最终形成了别具一格的校本特色课程。此后的研究中，我不断地以子课题的形式参加省级、市级的课题研究，经过三四年的积累形成了不少的成果，甚至在2022年6月以此为内容成功申报了国家级课题。目前，我作为主研人员参与研究的课题中两项已结题，一项在研，一项荣获四川省二等奖，参与出版成果集两部，其中一部我作为副主编。在工作室研修期间撰写论文20余篇，有10余篇获全国省市一、二等奖，出版发表10余篇，这些沉甸甸的成果是工作室研修给予我的馈赠。

工作室领衔人胡琳老师搭建了宽阔的发挥平台让我们去施展，帮助我们规划自己的名师发展方向，带领我们参加各种层次的活动，全国的、省市级的，有学习的、有帮扶的，给予了我们充分的机会去展示自己的能力与长项。于是，我举办了第一次讲座，参与了第一个科研课题研究，进行第一次帮扶之旅，并且第一次参加到全省与全国的教育活动。

工作室构建了分享机制，即每一次工作室会议都会有请一位成员进行分享，分享自己的经历、教学主张等，这种分享机制也是工作室成员"碰头"的主要形式。后来考虑到工作室成员、子成员的地域跨度大，又引入了QQ群、钉钉、腾讯会议等进行直播，扩大了分享传播的范围。分享机制的运作"逼着"成员们努力地提炼自己的长处、经验，面向一群人把它自信地讲出来。在这种模式下，开启了我人生第一次正式的讲座。讲课对老师来说是稀松平常的事，可当听众不再是熟悉的学生，大部分人还是会有一些胆怯，更别说像我这样从小山村走出来的老师。那一场讲座，我足足准备了两个月，甚至于在讲座的前一晚紧张到失眠，脑袋里不断地推演着自己的语言、动作。第二天讲座时不仅手心冒汗，讲话时也刻意压着自己的声音，生怕出错。我能清晰地感觉到自己的声音在发抖，眼睛虽是看着下面的老师，脑子里却在迅速地翻找要讲的内容。在那一刻，我甚至不敢与聆听的老师交流互动，更记不住老师们的反应与表情，只想按照既定顺序完成演讲，生怕被打乱导致忘词。箭在弦上，最终在万分紧张的状态中我硬着头皮完成了一个半小时的演讲初秀。分享结束后，看着纷纷来与我交流的老师，我才回神过来：我讲得可能还不错，内容、经验或许正是他们需要的。这时才一下放松下来，自信也回升一点点的我积极为大家解答。第一次讲座对我的帮助乃至影响都很大，我真实地体验了作讲座与授课的差别，更是突破了自己的胆怯，自此我打开了分享的"潘多拉魔盒"，发现站在陌生人面前侃侃而谈并不可怕。后来每学期我都会进行分享，每次出去帮扶或交流我也会积极地发言。

名师还承担着各地教师的相关培训工作。工作室会在平时的分享中选出优秀的讲座以及成熟的培训内容，将其融入省内各地的美术教师培训中，我们先后到了苍溪、美姑、西昌、雅江、仁寿、都江堰、蒲江、阿坝等地。我们都是一线教师，讲座大都是实践性的案例与经验，因此非常受老师们的欢迎。准备讲座的过程让我深刻地体会到，作为一位名师必须在做得来的基础上还要能巧妙地做，巧妙地做的同时还要能提炼，最终转化成可推广、可借鉴的经验才能发挥其更大的功用。每完成一次讲座，我都会反思自己的问题，然后进行调整与再实践。一次次的调整加快了我理论提炼的步伐，一次次的展示促进了我表达与交流能力的提升，促使我从一个胆怯不善言辞的普通教师成长为面对同人侃侃而谈、积极分享的名师道路上的赶路人。

机会让我有了向名师奋进的可能，平台让我有了进步的机会，任务让我有了成长的驱动力，每一次的参与与见识都促进了我在名师的道路上的进步，每一次的相遇与交流都坚定了我名师成长的方向与步伐，每一次的付出与感动都促进了我对教育的进一步思考。随着自己的成长，我的荣誉也接连送达，市级优秀教师，学科带头人，优秀论文各级获奖，指导学生接连获奖。因为有了名师工作室研修的机会，才有我对名师与名师的价值的深入了解。因为有了胡琳老师为我们构筑的平台，才有我今天的成长。

这里，春暖花开

克惹慧心名师工作室　汪亚兰　梁菁蕊　秦铱曼

这里的春风，温柔拂面；这里的春雨，润物无声；这里的故事，引人入胜。——这是铭刻在克惹慧心合唱工作室成员心中的印记。

遇到激励你前进的人是一种幸运

电子科大附小音乐教师汪亚兰每每谈及克惹慧心，眼里便流露出无限的崇敬——她有着少数民族天生好嗓子的天赋，在专业技能上却依然刻苦练习；她有近十年的中学教学经验，在小学课堂教学上却依然悉心研究；她忙于学校繁重的教学任务还有校合唱社团以及区教育局教师合唱团的常规训练及各级各类展演，却毫不懈怠对工作室每个成员的悉心专业指导；她不仅仅看我们的课堂，还对我们的生活关心备至……她的认真、努力、勤恳、真诚，都蕴藏着无形的力量，推着我和伙伴们风雨无阻，一路向前。

汪亚兰表示，自己最大的幸运是早就跟随克惹慧心学习，一直到工作室成立后的今天，一路见证了克惹慧心为师的魅力，让她参加的赛课成绩斐然，从成华区一等奖，到成都市音乐教师技能大赛全能一等奖，再到夺得四川省中小学生艺术节表演唱和合唱比赛、全国魅力校园合唱比赛、加拿大国际合唱节、白俄罗斯国际合唱节的桂冠……

汪亚兰深深记得，2022年4月，工作室开启了"歌慧心田"的合唱研学活动，疫情严峻，她依然组织我们排练出了两首作品——《梦田》和《这世界那么多人》（均已在公众号上发表）。其中，《梦田》还拍摄成了MV在"学习强国"App上展播。排练中，汪亚兰从训练学生的老师转变成被训练的合唱成员，从坐在钢琴边上变成站在舞台上。角色的转变，让她对合唱的体验和感知变得不同。23个人，就有23种声音，但通过工作室领衔人克惹慧心老师的凝聚，通过一次次齐心排练，大家逐渐收起个性，找到共性，慢慢融合……在一次次的磨合中，大家学会了尊重彼此，倾听彼此，明白了对合唱的追求是始于热爱，终于坚持，而这份温暖和力量，也必定传递给身边的每一个人。

在加入克惹慧心合唱工作室的这一年时间里，汪亚兰感动着、学习着、成长着……她感谢克惹慧心，她感谢合唱工作室的每一位小伙伴，让她获得了爱与温暖，给予她坚持前行的力量。汪亚兰说，她会永远怀揣着一颗为教育梦想歌唱的真心，用和谐动听的歌声，演绎一曲曲华美乐章！正如《梦田》歌中所唱："每个人心里一亩田，每个人心里一个梦……"这个梦，是教育梦，是中国梦；这亩田，是教育人的心田，是培育祖国未来花朵的沃土。"用它来种什么？种桃种李种春风……开尽梨花春又来……"愿这"梦田"，枝繁叶茂，桃李芬芳……

合唱让人学会"尊重"与"敬畏"

克惹慧心老师说："尊重合唱，敬畏合唱，对自己负责也对他人负责。小到一个字的咬字发音，大到整首作品，一定要做好自己这个环节，从每一次排练中总结和反思，你会得到更意想不到的收获。"

电子科大附小龙潭分校的梁菁蕊老师把这句话刻在了心上。合唱工作室成立的第一个学期，她懂得了与团队合作，交出了第一份成绩单《梦田》；明白了艺术作品来自精益求精的打磨，她第一次走进录音棚接受专业的合唱录制，音高了重录，音低了重录，节奏快了重录，节奏慢了重录，发声不整齐重录，情绪不饱满重录，音乐作为艺术要不得一丝瑕疵；感受了音乐源于生活，她第一次随团队走进户外拍摄歌曲MV，让每一句歌声对应的画面更加唯美……原来一首合唱作品的孕育需要付出这么多的心血和努力，在这之前，梁菁蕊未曾想过。

五月伊始，梁菁蕊随团队参与了成华区中小学艺术节开幕式的展演，这一次她的身份不仅是一名普通的合唱团成员，还承担了女低声部长的角色，检查声乐"作业"。就这微不足道的"任命"，让她跳脱出自身演唱的局限，有了另一种看待合唱的视角，加深了对合唱中合作的理解。在温柔的《一荤一素》旋律中，梁菁蕊甚至还客串了一把"大提琴手"，第一次在现场与合唱团进行合作。炎炎烈日，纵使每个人都被汗水浸透，还得以最好的状态面对镜头，伴随着工作室《这世界那么多人》的悠扬旋律，梁菁蕊唱尽人生百态。梁菁蕊印象最深的，是最具挑战性的三声部无伴奏合唱曲《春燕》，对这种类似于原生态的合唱作品，大家闻所未闻，初听范唱完全是"丈二和尚摸不着头脑"，但在克惹慧心老师的悉心指导下，所有人从零开始，像从没有接触合唱的孩童一般，一句一句地跟克惹慧心老师模唱，感受彝族原生态音乐的律动与韵味，而梁菁蕊作为女中声部的声部长，也感受到了压力和责任，努力提升自己的演唱准确度，并积极帮助声部的其他老师更快地掌握全曲。

往事一幕幕，如水皆逝去，梁菁蕊最受益的是，克惹慧心的合唱工作室让她学会了"尊重"，尊重音乐，尊重音乐教学，尊重接受音乐熏陶的每一个人；让她学会了"敬畏"，敬畏学习，敬畏榜样，敬畏规则。

为爱而歌，歌慧心田

音乐家贝多芬曾说过：语言的尽头就是音乐。龙成小学的秦铱曼时常在想："音乐的尽头又是什么呢？"这个疑惑在工作室组织的一次活动中让她豁然开朗。

2022年小雪那天，秦铱曼随工作室的小伙伴们开展了一次有意义的教研活动——牵手成华区特殊教育学校"星星合唱团"。那是她第一次走进特教学校，第一次走近培智儿童。

在参加活动之前，她一直以为这是一个献爱心活动，完成任务，仅此而已。可是，后来的秦铱曼发现自己错得离谱。

一进特殊学校的校门，她看见一群不一样的学生，有的个子与众不同，有的脸型与众不同，有的声音与众不同。秦铱曼说，奇怪的是孩子们见到他们后兴奋的眼神是相同的，一个劲儿地拍手微笑是相同的。一个男孩子特别热情地问站在他旁边每位老师的名字。工作室成员坐下开始音乐游戏活动后，发现孩子们的歌声不太标准，但弥漫着真诚与可爱，这远胜过音乐技巧呈现出的东西，音乐的魅力原来在于此。那一刻，秦铱曼感受到"纯粹"的分量，这个词囊括着她全部的情绪——是啊，纯粹的快乐，纯粹的笑容，纯粹的感动……

活动中，特殊学校星星合唱团的成员跟工作室老师一起参与，要求通过老师的歌声，孩子们去找一位自己最喜欢的老师待在一起。坐在秦铱曼对面的一个小女生，她虽径直走到秦铱曼的面前，但有点儿不好意思。秦铱曼问她："你是要选我吗？"她点点头："是的，请跟我来。"当秦铱曼坐到她的面前时，她悄悄与其耳语："我好喜欢你。"那一刻，秦铱曼内心洋溢的，除了感动还是感动。歌声唱起来了，情感激荡起来了，人世间的美好传递起来了。秦铱曼恍然大悟，原来最简单地化解生活中潮起潮落的情绪的灵丹妙药，有时却被忘却在了日复一日的忙碌中，而特殊学校的孩子们，却自如地握着这把密匙。歌声，可闻，远超闻到的，何止是歌声？这如工作室的领衔人克惹慧心的名字一样，慧为心而生，心因慧而善。

合唱在继续，故事在演绎……

克惹慧心的合唱工作室一路撒播，一路传递，一路春暖花开！

心生向阳 一路花开

赖宁名师工作室 邓茹梅

作为一名刚上班几年的年轻教师，从初入职场、处处生疏的菜鸟，到在工作中渐渐能得心应手，除了自己一直以来的努力以外，其实还有一个我职业生涯的转折点，那就是加入了赖宁名师工作室！

一、热爱可抵岁月漫长

（一）坚定那一份热爱

初入工作室，工作室的领衔人赖宁便用她的亲身经历给我上了一课，听她说起自己以前做班主任时和孩子们的故事。走近她，如沐春风，关于教育教学的真知灼见，她是那么自然而然地流露出来，每每让我豁然开朗，总有一种听不够的感觉！工作几十年的她，对孩子们、对教育的热爱，依旧那么热烈，这也让我更加坚定了自己心中的那一份热爱！

（二）平凡中的不平凡

小学教师是一份平凡而普通的职业，虽然每天面对繁杂而又辛苦的工作，但心中的这份热爱却又总能让这份平凡的工作变得不平凡。这不禁让我想到了那个令人惊喜又难忘的教师节！黑黢黢的教室，窗帘、大门紧闭，教室里鸦雀无声，已经上课了，人呢？就在我疑惑着打开教室门的时候，突然教室里的灯亮了，孩子们端端正正地坐着，喊着"邓老师，祝您教师节快乐"，在我还没反应过来的时候，歌声又响起来了："祝你生日快乐！"没听错吧？是生日歌？对刚上三年级的孩子们来说，估计他们心中也不知道教师节该唱什么歌，也许这首生日歌就是最好的祝福！那时候我真的是又惊喜，又好笑，又温暖，又快乐！还没反应过来，大家又在喊着"往后看，往后看！"转过身，原来满满的一黑板，全是孩子们亲手写下的各种各样的祝福！

孩子们制造的教师节惊喜，满满一黑板的祝福语

那一刻我热泪盈眶，从来没有教过他们要做这些，他们却能无师自通、用心地为我制造惊喜，很幸运拥有这样一群治愈系的天使——这就是这份职业最大的不平凡！我真的很幸福，我爱我的每一个孩子！"千教万教教人求真，千学万学学做真人"。我始终认为"教书"只是渠道，最终的目的是"育人"，能培养出充满爱和幸福感的孩子们，我就很幸福了！

温柔可挡艰难时光，热爱可抵岁月漫长，这些年和孩子们在一起的点点滴滴，不仅没有磨灭我的教育热情，反而更加坚定了我的教育理想，我想我会在漫长的教育生涯中一直"爱"下去吧！

和孩子们一起参加红歌合唱比赛

二、团队就是力量

（一）同伴互助共成长

如果说一个人的努力是做加法，那么一群人的努力便是做乘法。加入工作室后，最大的收获，莫过于这一群志同道合的伙伴了。我们一起提出疑惑、探讨如何解决问题，一次次的思维碰撞、头脑风暴都让我们进步许多，哪怕在疫情时期，不能面对面，我们在网络上也从未停止过讨论分享。不仅如此，当工作室的伙伴需要上磨课时，我们也会全程跟进，大家都会拿出看家本领来提建议。在这个过程中不仅上课老师进步很大，其他老师也都收获颇丰。

（二）站在"巨人"的肩上

一个人想要有较好的专业成长，必须建立在学习的基础上，而向更优秀的人学习，则可以更高效地提升自己的专业水平。有了工作室这个平台，我们便有了更多走近优秀教师、专家学者的机会。

在工作室日常的活动中，经常会有课例展示活动，在活动时工作室会请教研员来指导，在这个过程中，我学习到如何更好地备好一堂课，如何评课，如何结合学情和国家要求进行合理备课等各方面的内容和方法。

除此之外，工作室提供的网络学习资源也让我受益匪浅。例如在创新年会中，于洁老师在《看见学校，看见孩子，看见时代，看见自己》讲座中她分享了自己与孩子们的教育日常生活，给人一种亦师亦友、渡己渡人之感，点点滴滴均见用心，件件事情都是师爱。我亦是感受到教育是需要有情怀的，有情怀的才能算是教育！这也影响了我后来的教育教学理念——用爱去教育孩子，我想也正是因为孩子们感受到了我的爱，才会有他们给我制造的惊喜吧！

何捷老师《精卫填海》课例也对我影响很大。干净利落的课堂设计，丰富的课堂容量，幽默风趣的语言和融洽和谐的课堂氛围，尽管到现在已经过去很久了，但却依旧记忆犹新。这节课在我心里播下了一颗种子，让我渴望也能成为这样有趣的老师。事实上，我反思自己，其实我也有幽默风趣的语言，但我和何老师的差距应该是专业上的，例如对教材的解读、教案的设计及课堂的把控与应对。发现了差距，我便默默为自己定了一个目标：不管工作如何繁忙，每学期我必须准备一堂高标准的课，从备课到磨课到不断修改，都踏踏实实地走一遍，从而磨砺自己的专业技能。我也一直在坚持这样做，我想只有脚踏实地，才能实现仰望星空的梦想！

（三）专业就是生命

为促进工作室成员尽快成长为更专业、更优秀、更全能的老师，我们工作室的宗旨就是语文教学和班主任两手抓。这不仅展现在平时的研修活动中，在我们的读书活动中也有强烈的体现。从《慧爱学生》到《项目式教学》等，阅读这些教育教学专业书籍，可以让我静下来思考。在如今的社会环境中，虽然我们接触外界的渠道越来越多，但我们也越来越浮躁，很少有人能真正静下来阅读专业书籍。然而，沏一壶茶，手捧一本书，这样的感受却让我能在学习中进一步探寻真正的自己，一步一步走向专业！

以赛代培也是我们专业进步的途径，从2016年成为一名小学老师，到如今已经过去7个年头，在这7年的教育生涯中，我积极参加教育局及教科院组织的各项比赛活动，在这个过程中，也曾获得过省级论文一等奖，市级课题、区级赛课、论文、小专题一、二等奖等，在各项比赛的准备中，我一直在发现和弥补自己的不足，也在不停地寻求突破，因为我知道对一个教育人来说，专业就是生命！

三、每一天都是新起点

努力和幸运好似一对孪生兄弟，机会是留给有准备的人，幸运的我有幸参加了成华区教育局组织的第二期青年才俊锻造工程和成都——渥太华中加人文交流月等活动，后还接连获得成华区教坛新秀和成都市教坛新秀等荣誉称号。几年过去，我教过的学生也获得了许多区级、市级奖励、奖状。其实，我清楚地知道这些都是对我过去工作的一些认可，但更多的是对我今后工作的鞭策。面对这些荣誉，我清醒地知道，荣誉更意味着责任。

孩子们都想当三好学生，作为给孩子们传道授业的老师，应该要比学生多一点要求，所以我希望自己能成为一个拥有爱心、细心、耐心、责任心的"四心老师"，做有一个有道德情操、有理想信念、有扎实专业、有仁爱之心的"四有好老师"！

在未来的教育道路上，我希望自己，每天进步一点点，每天多爱学生一点点，每天快乐一点点，我相信，每一天都是我教育生涯的新起点！

在未来，不管十年、二十年，我都会努力坚守教育初心，坚守心中的那一份净土，始终如一，和我的孩子们一起心生向阳，寻一路花开！

个人获奖统计表（部分）

	获奖名称	授予单位
个人获奖统计	1.成都市教坛新秀	成都市教育局
	2.成华区教坛新秀	成华区教育局
	3.成华区第六届班主任技能大赛综合奖一等奖	成华区教育局
	4.第六届班主任技能大赛中主题班会说课一等奖	成华区教育局
	5.第六届班主任技能大赛中治班策略一等奖	成华区教育局
	6.成华区第二届综合实践活动优秀课例一等奖	成华区教育局
	7.成华区禁毒主题教育活动方案一等奖	成华区教科院
	8.第十九次四川省优秀教育教学科研成果评奖活动中荣获一等奖	四川省教育学会
	9.成华区第二届语文论文评选中获得一等奖	成华区教科院
	10.第二届成华区新教师教学技能大赛特等奖	成华区教科院
	11.成华区第九届教研组小专题优秀成果一等奖	成华区教科院
	12.第十八届教育改革与论文评选获一等奖	成都市教育学会
	13.成华区2022小语学术年会"作业设计"一等奖	成华区教科院
	14.课例《动物儿歌》承担了四川师范大学承办的"国培计划教师培训团队研修"省级示范课	……
	……	

在项目研究中发展"四种意识"

钱中华名师工作室　羊琴

名师工作室是由名师领衔，以凝练现代教育思想、锻造教学风格与品牌、提升教育质量为主旨，集培养培训、教育研究、教学实践和成果推广等功能于一体的教师发展共同体。我于2015年列席、2018年加入钱中华名师工作室学习以来，对此更是深有体会，并且在项目研究中逐渐成长，发展了问题意识、方法意识、积累意识和创新意识"四种意识"，现将成长中的体会回顾如下。

一、在项目确定过程中发展问题意识

问题意识是指人们对客观存在的矛盾的敏锐感知和认识，是发现问题、解决问题的一种思想自觉。教师要想取得专业成长，发展问题意识是关键。我有幸参与了钱中华名师工作室的项目确定过程，一是分析当下小学数学课堂存在的问题，并用文本形式呈现，或以对话交流形式探讨、辨析，辨别发现的这些问题是真问题还是假问题；二是分析产生问题的根源，并在教学实践中观察、分析、验证或尝试改革；三是畅想和理性分析通过解决这些问题想要达到什么样的课堂效果，并叩问有什么样的教育价值追求或定位，如何体现在课堂教学中。经历对现象的观察、比较、分析、反思、评估、甄别，发现蕴含的问题并归纳提出问题；进而分析、解决问题，最终确定项目的一系列过程；这也是我作为一名成员在经历问题解决，问题意识得到发展的过程。

我们在观课时经常提出问题，如这样能培养学生的哪些能力、思维，怎样教学可以培养学生的各种思维。在概念教学中，是以一两个正例归纳概括出抽象概念后再解释理解，还是基于概念形成过程创设情境，让学生经历再创造的过程；是从众多实例中分类找出共同点进而研究，还是只出现所需要的那一类；是只出现正例，还是正反例都出现。在低年级的时候以学生认知基础不够为由不进行思维培养，到中高年级才开始思维培养，还是从低年级就开始慢慢培养。在教学尝试中出现不够理想的效果时，反思问题所在，对问题进行研究分类，通过实践寻找解决的策略方法。

钱中华名师工作室将小学数学课堂存在的问题归纳为：关注知识点，忽视教学内容的基本结构；关注学生快思，忽视慢想；关注正例，忽视正反例甄别比较；评价关注事实性判断，忽视引发学生价值评判等突出问题。根据这些问题将研究项目确定为"小学数学思辨课堂的实践研究"，并于2019年度申报成为四川省名师专项重点课题。

二、在项目问题解决中发展方法意识

项目研究要讲究方法，在问题解决中不断反思总结，而解决问题也有不同方法。所谓方法意识，指的是项目研究者在进行一项实际项目研究或探索一个具体问题时，能随时意识到从方法的角度做分析、判断和选择，这也是项目研究者自然产生的思考习惯。教师要做好教育教学、教育研究，"方法"是核心；只有用合理的方法，才能解决课堂教学、项目研究、与学生及家长相处等诸多问题，促进教师个人专业成长、素养发展。

工作室项目探讨的是小学数学思辨课堂，要在相关研究的基础上，通过本项目的研究，认识小学数学思辨课堂的内涵特质；总结归纳出辨析教学任务、课堂教学内容，研制出小学数学思辨课堂教学机制和主要课型的教学框架等。我在项目研究中学习文献法、案例法、调查法、行动研究法等研究方法；学习课堂教学观察、教学研究、教材解读、教学目标制定、课堂教学、情境创设、问题设计、处理生成、教学评价等方法。这些方法是教师做好教育教学必备的思维方法，可用于解决教育教学过程中遇到的问题，也可用于解决做人做事、日常生活中的问题。

比如，对当下课堂存在的问题，需要观察、分析，还需要对案例进行研究，对教师、学生进行调查、访谈等，用到观察法、调查法、访谈法。关于思辨课堂的内涵，需要查阅、研究辩证法等哲学，查阅、研究已有的课堂改革、课堂教学方面研究的著作、期刊等，用到文献研究法。教学设计、教学实施，都源自教材解读，用到教材解读方法、问题设计方法等。

由此，我在工作室项目研究问题解决的过程中，提升了研究能力，发展了方法意识。

三、在解决项目问题中发展积累意识

"不积跬步，无以至千里；不积小流，无以成江海""水滴石穿，绳锯木断""冰冻三尺非一日之寒"，足以见积累的重要性，因为量变会引起质变。教师的专业发展也是一个积累的过程，通过积累，让教师的理性与实践丰满，逐步走向名师。

在解决工作室项目研究问题的过程中，我从三个方面发展积累意识。一是实践积累，在项目研究的过程中，经历发现并提出问题、分析并想解决问题的策略方法的过程；将最新的探索、思考用于课堂教学实践和解决问题等，检验并校正这些策略方法，积累课堂教学及研究的实践经验。二是阅读积累，工作室的项目是思辨课堂，研究内容涉及课堂教学的很多方面，需要用到哲学、教学与课程论等众多知识，推进项目时规定必读《辩证唯物主义和历史唯物主义》《新数学教育哲学》《小学数学研究》《HPM：数学史与数学教育》等著作，选读康德、狄尔泰、马斯洛等的哲学著作，张奠宙、郑毓信、史宁中、李政涛等的数学、教育、数学教育等方面的著作，必定《教育研究》《人民教育》《课程·教材·教法》《中小学教育》《中小学数学》等期刊，通过阅读积累，提高认识，并迁移到本项目研究。三是写作积累，在解决工作室项目研究的问题中，参与撰写研究方案及阶段报告；围绕解决项目研究中的问题，撰写课堂教学方面的论文、教学案例、研究案例；还有其他方面的材料撰写。在此项目研究期间，撰写的论文有《课堂演绎数对"三性"管窥数学核心素养发展——以"确定位置"的教学为例》《数学概念形成的必要性：概念教学的关键》《在整体中统筹在比较中优化——例谈"优化"的教学策略》《小学数学教材解读"三聚焦"》《小学数学教学前端"三辨"》等十余篇刊发在《小学教学参考》《教育科学论坛》《四川教育》《中小学教师培训》《现代中小学教育》等期刊上。

四、在项目成果应用中发展创新意识

创新意识是人类意识活动中的一种积极的、富有成果性的表现形式，是人们进行创新活动的出发点和内在动力，是创造性思维和创造力的前提。工作室项目研究的对象是小学数学课堂，研究的问题是小学数学课堂现有的问题，形成的成果是思辨课堂，主要是引起学生的思考，引导学生做出正确的判断，培养学生的数学思维，课堂有很大开放性。不同的人可以有不同理解和实践操作，我作为成员在研究、实践、总结中发展创新意识。

比如，北师版五年级下册24页"折纸"一课的教学。情境图上出现"笑笑折小船用了这张纸的二分之一，淘气折小鸟用了这张纸的四分之一"两个数学信息。我让学生观察并发现数学信息，并鼓励他们提出不同的问题，"一共用了这张纸的几分之几？淘气和笑笑谁用的纸少？笑笑比淘气多用了这张纸的几分之几？……"随后辨析这些问题之间的联系"这些问题中解决这一个，其他就可以随之解决"辨析出要解决的主要问题；接着以"你是怎么想的？"引导学生分析题意、解决问题；追问"为什么用加法？"注重方法多样化及多种方法比较、辨析、再优化。选择了这种创新，教师就要思考在课堂教学实施中怎样引导、如何处理生成才能潜移默化地培养学生的思维；实施过程中的不顺畅、效果不够好等，需要在总结反思中吸取经验并完善需要改进的地方。在项目研究成果的运用中，教师在教学设计、教学实施、教学反思等方面都可以有自己的创新，关键是要有对项目研究的理解和追求，在创新设计、实施、反思、调整的过程中发展创新意识。

综上，以"小学数学思辨课堂的实践研究"项目为载体，教师在经历项目确定、项目问题解决、项目成果推广等过程中，发展了问题意识、方法意识、积累意识和创新意识。项目研究为工作室成员的专业成长提供了动力。

在追光的路上成为光

张冬梅名师工作室　张微然　张冬梅

像太阳一样发光发热

"微然，你的教学设计做得怎么样啦？"

"效率高一些！"

"这样，我先来给你上一节展示课！"

坐在"贰贰壹壹"明亮的教室后面右排的角落里，看着讲台上幽默风趣的张老，听着张老说："如果生活欺骗了你，你就拿起美颜相机去欺骗生活！""人生不如意之事十之八九，我们要常想一二，常常想起那一两件让人愉快的事！"

原来，一节好课不需要色彩鲜艳的PPT、也不需要包装得高大上的语言，更不需要花里胡哨的设计，它只需要基于学生，基于教材，基于生活。而张老渗透在课堂里的人文情怀，也让那段时间心情低落的我，一下子释然了。

这是三年前，初到这所学校任教，我的第二次公开课。那时候，稚嫩的我根本不知道怎样设计好一堂课，甚至，连教案也写得不规范。有幸在学校师徒结对的活动中成了张冬梅老师的徒弟。张老从一开始就是一位要求严格的师父。还记得开学伊始，张老就要了我的课表，并和我确定了相互听课的具体时间点。那时的我，内心是忐忑的，怕自己讲不好被批评，更怕师父每周来听课的压力。我刚刚接手班主任工作还在适应之中，那时张老的严格要求让我感到了压力。其实，这种压力会迫使我迅速地成长。

如果不是张老，我的教学设计根本羞于见人；如果不是张老，我当时郁郁的心境也很难释怀。有的人，始终像太阳一样，让聚集在其周围的人和事都因此而充满生机。

磨课赛课　苦练内功

那节张老指导我上的公开课《外国诗两首》，开启了我的磨课赛课之路。

中央电化教育馆举办的第十二届基于网络的云端社区研讨，是我第一次遇到的挑战，我首先研究了多媒体在中学语文教学中的作用。张老师告诉我，运用新媒体一定要避免为形式而用，手段始终是为内容服务的。由于时间紧张，我选择了《外国诗两首》，在原有设计的基础之上，融合信息技术，想让这堂课带给孩子们不一样的感受。

在公开课之前的教学设计中，张老为我修改指导过的教学目标是：品析诗句，理解哲理；对比写法，明确手法。为达到品析诗句理解哲理的目标，本节课借用现代教学技术，利用互动课堂投票器功能，为学生创设情境，让学生能设身处地地体会作者选择的艰难，为理解《未选择的路》一文中的哲理做铺垫；通过学生自主合作进行：析路况—探心境—找不同，让学生参与学习、积极学习、主动学习，加强小组合作和小组讨论；通过弹幕评论实现短时间内学生与学生思维的碰撞，从而促进学生对哲理的体会，使本节课的重、难点得到有效解决；通过抢答和随机抽人培养学生语言的建构和运用。这样的模式以学生为中心，在教学中注重学生思维的发展和提升，同时也增加了课堂容量，使课堂更丰富。

设计的问题解决了，可是设备问题也是一大难题。阳光斜射的秋日午后，我与成华区智慧教育云平台的工作人员一台一台地调试学校微格教室的平板电脑，确定无误后，又一台一台地安装软件，折腾了好几个小时。

最后，这节课成功被推荐为优秀课例。这个课例在参加成华区优秀课例的评选时，又拿到了区一等奖。后来，我又参加了大大小小的很多次赛课，但我一直都记得那个5月，第一次听张老讲课时，我单纯感到的喜悦与享受。

任务驱动　奋楫向前

如今我又幸运地在张冬梅名师工作室学习。工作室里的每一位老师都荣誉满身、硕果累累，我深知自己与他们的差距，每一位老师都是我学习的榜样。我暗想，一定要抓住这次机会，多向老师们虚心请教，修炼内功。

在张老的带领下，我们先后作为主研参加了市级课题《基于馆校合作的初中语文综合性学习活动课程研究与实施》、成华区重点课题《22版新课标背景下初中统编语文综合性学习实践与课例研究》，前者即将进入结题阶段，而后者刚刚开题。

有师父在，有各位名师在，有这个团队在，我总能感觉到自己在进步，在不断蜕变。小到课题答辩的PPT如何做得规范、如何准备发言稿，再到课题研究的始末，这些都是我在团队中获得的。回想几年前，每当接到张老的"任务"时，我都会感到压力，怕自己做不好，怕自己平衡不好时间；而现在的我，则会主动地迎难而上，因为每一次的压力，都是一次任务驱动下的成长。我想，心态的转变，也是我不断向前的心理内核。

专业阅读　厚积薄发

一间十多个人的大办公室里，一张办公桌，一台计算机，几张板凳，阳光斜斜地穿过玻璃窗照在张老的手上、背上、脸上，我围着师父边记笔记，边望着她，像渴望求知的小学生。

在师父的倡导下，我开启了自己的专业阅读之路——《语文课应该这样上》《教师效能训练》《苏轼十讲》《有效课堂提问22条策略》《对语文教师的新建议》等。都说腹有诗书气自华，虽然我离"气自华"还有差距，但是一本本专著的学习，夯实了我的底气，锻炼了我的阅读力，提升了我的专业修养，也提高了我的行动力。师父每一次推荐给我阅读的书，都是她认真提前阅读过的，她说："要有广泛的输入才能有高质量的输出，做一名语文教师，要保持输入的习惯。"阅读也使我明白在自己的教育中要做一名研究型的教师，"首先要把学生看作一个个活生生的人"。这是张老和我们的分享。而这一个个鲜活的生命，需要源头活水来为他们注入能量，于是我坚持阅读，丰富我的知识储备，将理论知识和实践经验结合，让教育变得更加有价值。

如今，我已经能站稳讲台、独当一面，在科研方面不断积累自己的成果，在学校的青年教师沙龙上和年轻的教师们分享自己的经验，散发着属于自己的光芒，也许这样的光芒微不足道，但是，也足以让我看清前行的方向。